教育部人文社科项目青年项目"基于语料库的俄罗斯新媒体中国报道的话语研究"（项目编号：19YJC740003）

基于语料库的俄罗斯新媒体
中国报道的话语研究

曾　婷　著

中国海洋大学出版社
· 青岛 ·

图书在版编目（CIP）数据

基于语料库的俄罗斯新媒体中国报道的话语研究 /
曾婷著 . -- 青岛：中国海洋大学出版社，2024.4
　　ISBN 978-7-5670-3578-2

　　Ⅰ. ①基… 　Ⅱ. ①曾… 　Ⅲ. ①新闻报道－研究－俄罗
斯 　Ⅳ. ①G219.512

　　中国国家版本馆 CIP 数据核字（2024）第 075550 号

出版发行	中国海洋大学出版社			
社　　址	青岛市香港东路 23 号		邮政编码	266071
出 版 人	刘文菁			
网　　址	http://pub.ouc.edu.cn			
订购电话	0532－82032573（传真）			
责任编辑	邵成军		电　　话	0532－85902533
印　　制	青岛国彩印刷股份有限公司			
版　　次	2024 年 4 月第 1 版			
印　　次	2024 年 4 月第 1 次印刷			
成品尺寸	170 mm ×230 mm			
印　　张	12			
字　　数	190 千			
印　　数	1—1 000			
定　　价	59.00 元			

前言
PREFACE

  2022 年 10 月 2 日,中俄建交 73 周年。73 年来,中俄关系走过了极不平凡的发展道路。中国和俄罗斯互为最大邻国,在政治、经济、文化、军事等领域合作紧密。尤其是近年来,在习近平主席和普京总统的共同引领下,双方战略互信日益提升,各领域合作取得前所未有的大发展,在国际和地区事务中密切沟通协作。2022 年,习近平主席和普京总统两次面对面会晤,"冬奥之约"和"撒马尔罕会晤"为新时代中俄全面战略协作伙伴关系谱写了更辉煌的乐章。中国海关总署 2022 年 11 月 7 日发布的统计数据显示,2022 年 1 月至 10 月,中俄贸易额同比增长 33%,达到 1 539.38 亿美元①,预计全年贸易总额超过 1 900 亿美元。双方大型投资项目稳步推进,本币结算规模持续扩大,黑河-布拉戈维申斯克公路桥、同江-下列宁斯阔耶铁路桥相继通车,跨境互联互通出现新局面。中俄两国的民间传统友谊同样源远流长,两国人民对彼此国家形象的认知有着天然的热度和兴趣,科教、文化、卫生等领域的交流合作也日益密切。步入新时代,持续稳定发展对俄关系已经成为中国外交政策的优先方向。向俄罗斯传递中国声音、讲好中国故事直接关乎中国对俄关系中良好中国形象的塑造。

---

① 参见:https://3w. huanqiu. com/a/5e93e2/4ANM3MSUDiM。

一直以来,俄罗斯媒体都是俄罗斯民众获取中国信息最主要的来源渠道。步入信息化时代,俄罗斯传统媒体的发展面临巨大考验,加速了与新媒体的融合发展,逐步形成新媒体与传统媒体融合发展的多元立体传播格局。与传统媒体相比,俄罗斯新媒体的内容呈现形式更加多样,除了常规的文本信息以外,还包括视频影音、图片、音乐和投票等,为中国形象的多方位、多角度建构提供了更多的可能,从而为展现一个全面的中国提供了更多的条件。近年来,新媒体当中的社交媒体发展态势尤为迅猛。它突破传统媒体传播秩序的限制,形成自由无界的信息流动格局,成为一国形象塑造和话语权争夺的重要平台。

本书以俄罗斯常用社交网站 Вконтакте（以下简称 VK 网）的中国报道为研究对象,借助语料库语言学和多模态批评话语分析理论,利用自动化网络数据采集与文本分析和统计软件,采用定量与定性相结合的研究方法,对社交网站 VK 网中的涉华报道进行话语分析,旨在勾勒俄罗斯社交网站中的中国国家形象,为我国对俄媒体语言研究提供参考,为"一带一路"倡议下我国利用新媒体构建对俄精准传播中国故事的话语体系提供学术支撑与策略依据。

本书基于笔者的教育部人文社会科学研究规划基金项目结项报告撰写而成。在专著的写作过程中,笔者要特别感谢上海对外经贸大学国际商务外语学院的张晨夏老师,她对语料库的娴熟运用令笔者敬佩,并帮助笔者顺利完成了本研究中借助语料库开展的涉华报道高频名词的实证分析部分。

目 录
CONTENTS

第一章
绪　论

第一节　俄罗斯互联网发展现状

　　20 世纪 90 年代初,网络开始走入俄罗斯,基于互联网的新媒体随之迅速崛起,并呈现出蓬勃发展的态势。新媒体是相对于传统媒体而言的,是依托互联网面向客户提供信息和娱乐的传播形态,一般分为六种类型,即通讯社、博客媒体、互联网媒体、大众性网络媒体、专题性网络媒体和印刷媒体网络版(李芳,徐龙稷,2017)。

　　信息时代,传统媒体受到新兴媒体的冲击,这一点已经能从传统纸媒趋之若鹜的电子化改革上看出。新媒体以其即时性、开放性、个性化、互动性、分众性、融合性等特点,赢得了俄罗斯青年人的广泛青睐。社交媒体和网络出版物越来越多地成为俄罗斯人,尤其是年轻人获取新闻的主要来源。俄罗斯权威民意调查机构列瓦达中心 2020 年 4 月发布的俄罗斯媒体行业调查报告显示,过去三年内,人们使用网络阅读新闻的频率不断增加,媒体通过网络了解新闻的比例从 2018 年的 10％增加到了 2020 年的 31％。社交媒体的使用率更是不断提高,2020 年超过一半的受访者表示每日都会使用社交媒体。[①]2020 以来,新冠肺炎疫情深刻改变着人们的工作和生活方式、信息传播和消费方式,俄罗斯受众视听消费的"线上化"趋势更加显著。2022 年初,We Are Social 和 Kepios 公司联合发布了一份关于俄罗斯数字产业状况的区域报告。[②]根据报告数据,截至 2022 年 1 月,俄罗斯的人口总数为 1.459 亿。其中,互联网用户为 1.298 亿,占人口总数的 89%。2021 年,俄罗斯的互联网用户数量增加了 580 万(+4.7%)。俄罗斯用户平均每天在互联网上花费约 7 小时 50 分钟,其中 46.7% 的时间花在移动设备上。[③]有 84.3% 的俄罗斯用户(年龄分布在16～64 岁)表示,他们使用互联网的主要目的是搜索信息。排在第二位的是与亲戚和朋友进行交流(66.4%),有 66.1% 的俄罗斯人在网上关注和追踪时事新闻(见表 1-1)。

表 1-1 俄罗斯人使用互联网的主要目的一览表 [④]

排序	互联网使用主要目的	占比
1	搜索信息	84.3%
2	与亲戚和朋友进行交流	66.4%
3	关注和追踪时事新闻	66.1%
4	观看视频、综艺节目和电影等	63.1%
5	研究做事方法	56.4%
6	听音乐	51.1%
7	获取新的思路和灵感	47.6%

① 参见:https://www.levada.ru/2020/04/28/rossijskij-medialandshaft-2020/print/。
② We Are Social 的全称为 We Are Very Social Limited,是一家以线上社交媒体为主导的全球社会化媒体传播公司,总部设在伦敦,在全球拥有 17 家分支机构以及逾千名员工。Kepios 是一家网络媒体分析咨询公司,总部设在新加坡,所发布的《全球数字报告》系列广受好评。
③ 参见:https://www.web-canape.ru/business/internet-v-rossii-v-2022-godu-samye-vazhnye -cifry-i-statistika/ysclid=la5fhhimuo714700561。
④ 参见:https://www.web-canape.ru/business/internet-v-rossii-v-2022-godu-samye-vazhnye -cifry-i-statistika/?ysclid=la5fhhimuo714700561。

排序	互联网使用主要目的	占比
8	理财	44.2%
9	打发空闲时间	41.8%
10	研究某品牌	41.6%
11	玩游戏	38.1%
12	从事教育和学习相关活动	34.5%
13	了解健康知识和保健产品	32.7%
14	研究旅游攻略	29.3%
15	认识新朋友	24.0%

第二节 俄罗斯社交网站发展现状

数字平台自诞生之初就具备跨境、跨族群、跨语言等全球传播的物理属性。近年来,以社交媒体为代表的平台早已突破作为媒体,或者信息生成、连接和分享的物理意义,迅速生长为"集物质架构、社会算法、政治博弈、经济联动、文化弥散等于一身的'平台社会'"(肖珺,2022:72)。作为国际传播的主战场,社交媒体已经成为用户获取时事新闻、消遣娱乐、工作联络的重要媒介。全球社会化媒体传播公司 We Are Social 于 2021 年 1 月发布的《2021 年全球数字报告》(Digital 2021:Global Overview Report)显示,全球社交媒体用户数已达到42 亿,占总人口数的 53.6%,通过移动设备访问社交媒体的用户数占社交媒体总用户数的 98.8%。在 16~64 岁的互联网主力用户中,平均每位用户拥有 8.4个社交媒体平台账号,平均每天使用社交媒体的时长为 2 小时 25 分钟。

在所有的互联网平台中,俄罗斯人同样对社交网站情有独钟。根据 We Are Social 和 Kepios 公司联合发布的报告数据,截至 2022 年 1 月,俄罗斯已经拥有 1.06 亿社交网站用户,分别占俄罗斯人口总数的 72.7% 和互联网用户总数的 81.7%。2021 年,俄罗斯的社交网站用户数量增加了 700 万(+7.1%)。① 在社交媒体上,用户使用社交媒体主要是出于获取实时资讯、寻找娱乐内容以及与他人保持联系的目的和需求。其中,有 58.7% 的俄罗斯用户表示,他们使用社交网络的主要目的是与朋友和家人进行联系和交流,42.9% 的用户是想通过社交网站填补自己的空闲时间,39.5% 的用户习惯于在社交网站上浏览新闻。这与《2021 年全球数字报告》的结论较为一致。根据该报告,"及时了解新闻和时事""寻找有趣的娱乐内容""消磨空闲时间"是全球用户使用社交媒体的主要原因。有趣的是,有 26.9% 的俄罗斯用户表示,他们使用社交网站的主要目的是寻找他们想要购买的产品,还有 21.9% 的用户倾向于利用社交网站来了解自己感兴趣的品牌信息(见表 1-2)。

表 1-2　俄罗斯人使用社交网站的主要目的一览表 ②

排序	社交网站使用主要目的	占比
1	与朋友和家人进行联系和交流	58.7%
2	打发空闲时间	42.9%
3	浏览新闻	39.5%
4	寻找有趣的内容	37.6%
5	担心错过社交平台上发布的精彩事件	29.3%
6	寻找想要购买的产品	26.9%
7	获取品牌资讯	21.9%
8	寻找商机	19.4%
9	寻觅志同道合的人	17.4%
10	分享观点	16.1%
11	结识新朋友	16.0%
12	追踪明星或网红动态	15.2%

① 参见:https://www.web-canape.ru/business/internet-v-rossii-v-2022-godu-samye-vazhnye -cifry-i-statistika/?ysclid=la5fhhimuo714700561。

② 参见:https://www.web-canape.ru/business/internet-v-rossii-v-2022-godu-samye-vazhnye -cifry-i-statistika/?ysclid=la5fhhimuo714700561。

排序	社交网站使用主要目的	占比
13	观看直播节目	13.7%
14	了解大家谈论的热点话题	13.6%
15	开展与工作相关的活动	12.6%

俄罗斯民调机构列瓦达中心于 2022 年 10 月也发布了一份关于"俄罗斯人的主要信息来源"的民意调查。调查结果表明,在俄罗斯民众获取国内外新闻资讯的常用渠道中,社交网站(39%)的占比率一路攀升,已经超过网络出版物(32%)和俄罗斯通信软件"电报"(Telegram)(18%),成为仅次于电视台(64%)的第二大信息来源。[①] 在年龄分布方面,社交网站是俄罗斯 18～24 岁和 25～39 岁两大类人群的最主要信息源,分别占比 60% 和 53%(见表 1-3)。也就是说,在获取国内外新闻资讯时,社交网站是俄罗斯青年群体当中最受欢迎、使用频率最高的信息源。

表 1-3　俄罗斯民众获取国内外新闻资讯常用渠道的年龄分布比例表[②]

	电视	广播	纸质出版物	亲朋、邻居	网络出版物	社交网站	"电报"
18～24 岁	37%	5%	1%	27%	39%	60%	33%
25～39 岁	47%	8%	2%	16%	37%	53%	27%
40～54 岁	65%	13%	6%	18%	37%	38%	19%
55 岁及以上	84%	13%	10%	17%	22%	24%	8%

社交媒体的全球性与公民性打破了传统国际媒体对国际信息和跨文化信息的垄断,实现了信息接收与发布的平等化,使非主流、边缘化的传播组织、受众社群或个人都有机会参与到网站文字和音视频对中国形象的建构之中。新媒体的互动性特点,使中国形象的呈现更具直接性和现实性。在新媒体环境中,民众既是新闻的接受者,也是新闻的制造和传播者。社交媒体的互动性,使受

① 参见:https://www.levada.ru/2022/11/03/osnovnye-istochniki-informatsii-rossiyan/。

② 参见:https://www.levada.ru/2022/11/03/osnovnye-istochniki-informatsii-rossiyan/。

众可以通过转发、评论、点赞、投票等方式表达自己的态度和观点。由于互联网具有信息非集中化特点，社交平台拥有多元叙事主体。这些主体叙述的文本充满变数和想象力，每个人只为真相提供一个小小的事实（抑或虚构），而无数的小小文本将相互构成或解构、印证或去伪，从而无限接近于真实（范虹，2020）。因此，在充满个性化的表达中，社交媒体记录和再现了一个"看似真实但同样也是被叙事全面建构的世界"（潘桦，孙一，2021：86）。很多社交网站用户热衷于将文字、音视频作为自己日常记录与分享的途径，将旅行、娱乐、美食、宠物、奇闻趣事等与衣食住行相关的方方面面以及喜怒哀乐的各种经历发布在社交平台上。然而，这些看似随性的、富有戏剧性的生活片段实际上可能是专业团队严格按照镜头脚本进行的拍摄与后期制作，从而打破了媒介现实与客观现实的界限（戴宇辰，2021）。由于社交网站所呈现出来的集体叙事性、多元主体性、信息非集中性等特征，信息的真实性和全面性被不断地建构和解构，促使社交网站成为新媒体时代一国形象塑造和话语权争夺的重要平台。

习近平总书记在多次讲话中都强调，要全面提升国际传播效能，采用贴近不同区域、不同国家、不同群体受众的精准传播方式，推进中国故事和中国声音的全球化表达、区域化表达、分众化表达，增强国际传播的亲和力和实效性。我们应该意识到，在全球传播场域中，用户已经发生了明显的迭代现象。在数字环境下成长起来的青少年，不仅是新媒体用户中的主体，也是传播的主体力量。因此，探究俄罗斯主流社交网站的中国故事传播现状和问题，有助于打造面向俄罗斯青少年群体的中国故事传播路径，建构多模态话语体系，实现对俄青少年群体的精准传播。

俄罗斯的常用社交网站主要包括 VK 网、Одноклассники、Живой Журнал、Яндекс. Дзен、МирТесен 等。其中，VK 网作为俄罗斯最大的社交网站之一，在俄罗斯乃至中亚、东欧地区的俄语用户群中都具有极其广泛的影响力。VK 网的全称"ВКонтакте"在俄语中表示"联系、接触"之义，创建于 2006 年，总部设在俄罗斯圣彼得堡。如今，VK 网已经拥有 86 种语言版本，用户可通过该平台相互发送消息，创建自己的网页和社区，分享图像、音频和视频等。截至2021 年 10 月，VK 网的俄罗斯用户已达 7 200 万人，是俄罗斯最常用的社交网

站之一。根据 VK 网 2022 年 4 月公布的最新数据，VK 网每月活跃用户数为
7 340 万人，其访问量占俄罗斯互联网用户每月访问总量的 84%；每天活跃用
户数达到 4 720 万，其访问量占俄罗斯互联网用户日均访问量的 52%；VK 视
频的日浏览量为 24.5 亿次。仅 2022 年 3 月，VK 网新注册用户数同比增长
63%，好友申请数量增长了 30%。[①] 全俄民意调查中心（ВЦИОМ）2021 年 3
月针对俄罗斯民众对社交网站访问情况的民调结果显示，VK 网在俄罗斯国内
尤为受到 18～24 岁和 25～34 岁青年群体的青睐，使用率高达 74%和 72%（见
表 1-4）。

表 1-4　俄罗斯民众访问 VK 网的年龄分布比例表[②]

	18～24 岁	25～34 岁	35～44 岁	45～59 岁	60 岁及以上
VK 网	74%	72%	55%	32%	31%

　　就内容量和作者数量而言，VK 网在俄罗斯的社交网站中也一直处于领
先地位。Brand Analytics 公司[③] 曾对 2022 年 2 月 1 日至 3 月 24 日期间各大社
交网站上总共超过 45 亿条俄语帖文进行了数据分析。结果显示，VK 网以日
均发帖量 1 360 万条遥遥领先，超过第二名 Telegram 网（770 万条）和第三名
Одноклассники 网（同学网，290 万条）的总和。VK 网的日均活跃作者数为 390
万，同样遥居第一，远超第二名的 Instagram（110 万）和第三名的 Telegram 网
（93.41 万）。[④] 仅 2022 年 3 月，就有超过 2 700 万名作者在 VK 网上发表了超
过 4.68 亿条帖子和评论，超过了其他所有社交平台的总和。

　　鉴于 VK 网在俄罗斯互联网用户中的重要影响力和广泛接受度，本书选取
VK 网的中国报道作为研究对象，对报道内容进行话语分析，旨在勾勒俄罗斯

---

① 参见：https://vk.com/press/q1-2022-results?ysclid=la42e7mj1167272449。

② 参见：https://wciom.ru/analytical-reviews/analiticheskii-obzor/socialnye-seti-i-cenzura-za-i-protiv。

③ Brand Analytics 公司是一家创新型俄罗斯 IT 公司。该公司开发的"社交媒体和大众传
　媒监测与分析系统"专门用于帮助各大品牌公司倾听客户意见，并根据客户的反馈意
　见升级自身产品和改善服务。

④ 参见：https://br-analytics.ru/blog/social-media-march-2022/?ysclid=la4rui28uc543183439。

社交网站中的中国国家形象,为我国利用新媒体建构对俄传播话语体系、塑造良好国家形象提供参考。

第三节　研究目的与研究意义

一、研究目的

2021 年 5 月 31 日,中共中央政治局就加强我国国际传播能力建设进行第三十次集体学习。习近平总书记在主持学习时强调,讲好中国故事,传播好中国声音,展示真实、立体、全面的中国,是加强我国国际传播能力建设的重要任务。要深刻认识新形势下加强和改进国际传播工作的重要性和必要性,下大气力加强国际传播能力建设。习近平总书记在中共中央政治局第三十次集体学习时的重要讲话是中国国际传播发展历程中的历史性、标志性事件。这也意味着,中国国际传播从 2021 年开始进入一个新的历史发展阶段。学术界理应承担起国家和民族的现实责任,不仅要了解国外主流媒体,更要了解国外普通民众眼中的中国形象,提升中国在国际社会中的话语权。本书的研究目的主要有以下三点。

(1)借鉴语言学、新闻传播学、外交学等多学科理论框架,拓展中国故事对外传播的研究领域,形成中国特色国际传播的跨学科研究合力,推动理论创新。

(2)基于网络数据挖掘与实证研究,深化中国故事和中国声音的全球化表达、区域化表达与分众化表达研究,打造中国故事在俄罗斯的"精准传播"路径。

(3)深入剖析俄罗斯新媒体中国故事传播存在的主要问题,探寻影响因素,为面向俄罗斯新媒体中国故事多模态话语体系的建构提供现实参考与科学依据。

二、研究意义

开展俄罗斯社交网站的中国形象话语研究,具有重要的理论意义和现实意义,同时也体现出其创新性。

(一)理论意义

(1)借助多模态批评话语分析理论与语料库语言学理论,依托定量与定性相结合的研究方法,融合语言学、传播学、社会学、外交学等学科理论,宏观与微观相结合,可以实现话语研究的多学科、多领域对话。

(2)针对特定国际受众与叙事话语空间的研究,可以推动社交媒体语言在话语层面的多维研究,创新理论与应用相结合的新路径,实现对外话语体系建构。

(3)通过打破传统单一静态文本的研究限制,将研究对象扩展至包含文字、图像、动画、声音等的多模态符号传播话语,可以弥补传统话语分析的研究局限。

(二)现实意义

(1)解构俄罗斯社交媒体的中国形象话语,不仅可以帮助我们了解他们"说什么",还能让我们明白他们"怎么讲",从而更好把握中国国家形象的塑造特点,让提升中国国际形象从被动走向主动,从"他塑"转变为"自塑",从客观解构走向主观建构,最终为制定提升中国国家话语权和文化软实力的故事化国际传播战略提供针对性建议。

(2)基于语料库的实证研究,可以帮助我们准确反映海外社交媒体中国故事国际传播能力建设实效,发现问题与不足,探索提升建设能力的有效途径与模式,增强国际传播能力。

(三)创新性

(1)研究视角独特。通过探究俄罗斯社交媒体的中国报道现状,打造面向俄罗斯青年群体的中国故事传播路径,实现对俄青年群体的精准传播,这是一个全新的研究视角。

(2)研究问题意识强。本研究以俄罗斯社交媒体平台为研究对象,将中国形象的"他塑"和"自塑"有机结合,有助于深化中国故事的分众化表达研究。

（3）研究方法多样。本研究将定量与定性分析法、实证研究法、多模态语料库分析法、微观宏观相融法等多种研究方法相整合,具有一定的方法创新意义。

（4）学科丰富。本研究突破了单一学科的局限,融合了语言学、传播学、数据科学等学科的跨学科研究,综合考察中国故事的话语体系建构,拓展了研究视野。

第四节　理论框架与研究方法

一、理论框架

话语是一种社会实践。它不仅是实现社会权力和实施控制的手段,而且是构造社会文化和现实的工具。话语通过各种符号交际方式实现,语言只是其中的一种。

批评话语分析兴起于 20 世纪 80 年代,运用跨学科的研究方法,涉及语言学、社会学、历史学、政治学和心理学等,将文本特征、文本生成和运用背景、更广范围的社会历史文化背景三者有机结合起来,重点关注语言、权力和意识形态之间的关系,具体而言,关注的是文本构建过程中所做出的话语选择、决定这些选择的因素以及所产生的效果。其中,Fairclough 的三维话语分析法被语言学界认为是"最系统、最完善的批评话语分析方法"(熊伟,2011:92)。Fairclough（1992)提出话语的描述、阐释和解释三维分析模式,即文本分析、话语实践分析和社会实践分析三个维度,并将话语视为文本、话语实践与社会实践的统一体。具体而言,文本分析用于描述文本的语言特征,涉及词汇、语法、连贯和文本结构四个维度,具体包括分类、隐喻、及物性、情态、衔接手段以及文本结构等。话语实践分析着重关注语篇与社会之间的关系,主要涉及文本的生成、传播与解释等过程。社会实践分析用于解释话语实践与社会语境和意识形态的深层关系。

现代科技的发展和交叉学科的研究成果把话语研究引向了"大话语"时代,从文本走向声音、图像、影视,研究对象更为全面,研究方法更加多元,因而产生了"新修辞学"的概念。新修辞学将修辞与认知联系起来,走向了广义修辞学的范畴,涵盖话语修辞、视觉修辞和多模态研究(王国凤,2019)。话语修辞以传统文本为研究对象。视觉修辞是一种以语言、图像、视频以及产生一切视觉形象的物体(包括建筑)为媒介,以取得最佳的视觉效果为目的的传播行为,这种非美学意义上的研究视角,是就修辞所使用的媒介和所诉诸的感官而言的(陈汝东,2011)。多模态研究属于综合的修辞手段,结合了文字、图像、声音等多种模态,是多种符号资源形成的"大话语"。

生命科学的研究结果显示,生命体在演化过程中逐步获得视觉、听觉、嗅觉、味觉和触觉等五种不同的感知通道。该五种感知通道的获得分别引起以下五种交际模态的产生:视觉模态、听觉模态、嗅觉模态、味觉模态和触觉模态。在上述模态中,与话语分析关系最紧密的是视觉模态和听觉模态。由于多模态话语就其性质而言是人类感知通道在交际过程中综合使用的结果,因此,多模态话语分析突破了语言学的研究范围,开始扩展到符号学、社会学、哲学、人类学、政治学、新闻学等跨学科领域,研究对象也从语言文字扩展到音乐、图片、摄像、网页设计和建筑风格等多种社会符号系统。在一个文本中,当几种模态并存时,一般有主要模态和次要模态之分,次要模态通常是对主要模态的补充。为了强化某种意义的表达,各模态之间一般会有层次地进行排列组合。比如说,在文字新闻中,经常出现附带简要说明的图片。多模态的研究前景是非常广阔的,语言手段和非语言手段的同步研究在新兴媒介中拥有无限的潜力。

由多模态话语建构的语篇被称为多模态语篇。多模态语篇包括静态多模态语篇和动态多模态语篇。前者包括单符号系统多模态语篇和多符号系统多模态语篇。单符号系统多模态语篇由字体、字体大小、字体颜色等符号变体所构建,多符号系统多模态语篇由文字、图像、声音等不同符号构建。动态多模态语篇涉及两种或两种以上的符号系统,并呈现视听意义上的动态性。通常,静态多模态语篇则只涉及某一种感觉器官,而动态多模态语篇可能涉及两种甚至两种以上的感官(曾方本,2009)。

语料库语言学通过对大量文本的分析来观察语言使用的特点,已经在语言学各个分支得到广泛应用。近年来,语料库语言学开始与话语分析相结合。在语料库辅助下,话语分析结果获得客观数据和语料的支撑与印证,研究结论的信度和效度明显提高。因此,将语料库语言学与费尔克劳的三维话语分析方法相结合,可以在客观数据基础上,从中观和微观层面分析俄罗斯社交媒体中国形象话语的建构结果,并从宏观社会层面对分析结果做出解释。

二、研究方法

(一) 批评话语分析方法

把话语置于政治、经济、文化语境之中,关注语篇与社会之间的关系,解释话语实践与社会语境和意识形态的深层关系。

(二) 语料库研究方法

借助权威语料库自有统计功能和 Antconc 3.5.7、SPSS 统计分析软件,获取高频语词等相关语言资源,为相关理论分析研究提供实时便捷检索。

(三) 个案研究方法

对某一主题在特定时间段的所有语篇进行全面检索和话语分析,通过典型案例揭示俄罗斯社交网站中国报道的立场变化、情感倾向性等特征。

(四) 跨学科研究方法

本研究以话语视角为主,融合了语言学、传播学、数据科学等学科的跨学科研究,分析俄罗斯社交网站涉华报道的群体意识与政治倾向的关联。

第五节 主要内容

本书共六章。第一章为绪论,第二章梳理新媒体中国形象在国内外的研究现状,第三章和第四章是对俄罗斯社交网站中中国形象所做的话语案例研究,第五章从"自塑"中国形象的视角对中国主流媒体在俄罗斯社交网站中的报道进行话语分析,第六章为前五章理论阐述和案例分析的总结,并在此基础上,提出当前形势下中国形象对俄传播的策略建议。

在第一章的绪论部分中,首先介绍俄罗斯互联网和社交网站的发展现状。社交媒体的互动性特点,使受众可以通过转发、评论、点赞、投票等方式表达自己的态度和观点,使中国形象的呈现更具直接性和现实性。通过了解俄罗斯社交网站的发展现状与趋势,有助于选择最具代表性的俄罗斯社交平台作为本书的研究对象,实现对俄青少年群体的精准传播。绪论部分还进一步阐明了本书的研究目的、研究意义与研究方法。

第二章分别从成果数量、研究方法、研究议题、形象维度、平台分布、塑造行为主体等角度对新媒体中国形象在国内外的研究现状进行了爬梳,并指出新媒体中国形象研究目前还存在的主要问题。研究结果表明,新媒体中国形象研究呈现外冷内热态势,国外成果数量非常有限,文献作者主要为中国学者,相比之下,国内学界研究成果丰富,既有宏观研究,也有具体案例分析。研究领域主要集中在新闻学与传播学领域,研究方法主要为内容分析法。在研究议题上,以综合性议题考察为主,也不乏对"一带一路"、新冠疫情、中国梦等单个议题的专门探讨;在形象维度上,对新媒体中国形象的多维度阐释占比最重,也开始出现对单一维度中国形象(企业形象、文化形象、公共人物形象等)的具体分析;在平台分布上,国内外社交网站是中国形象研究的主要平台;在塑造行为主体上,"他塑"文献多于"自塑","他塑"行为主体以欧美国家主流媒体为主,内容倾向性以混合态度为主,是正面形象与负面形象的结合体,"自塑"行为主体主要为国内外宣媒体。目前新媒体中国形象研究还存在研究方法不够丰富、研究维度不够立体、形象塑造主体不够全面等问题。

第三章在费尔克劳的批评性话语分析三维框架下,采用语料库分析法,以VK网在2020年1月1日至2021年2月10日期间的涉华新冠肺炎疫情报道为研究对象,从文本、话语实践和社会实践三个维度对报道数量、术语选用、高频名词及语义分类、信息源等进行考察,并借此探讨话语与政治、社会和意识形态之间的关系。研究发现，VK 网总体上以客观公正的立场看待病毒起源和中美抗疫摩擦等问题，对中国的抗疫模式和国际援助给予积极评价。

第四章探讨了俄乌冲突视域下俄罗斯社交媒体对华舆情分析。北京冬奥会刚闭幕不久，俄乌冲突骤然升级，国际局势风云突变。部分境外媒体和账号借助热点事件，在国外互联网恶意传播、炒作"中国网民不当言论导致乌克兰产生排华浪潮"，企图抹黑中国形象。为考察俄乌冲突升级对我国国际舆论形象的影响，本章以 VK 网在俄乌冲突白热化期间涉华文字、图片内容为研究对象，解读俄罗斯社交媒体对华舆情。

第五章对"中俄头条"2022 年 11 月 1 日至 2022 年 11 月 30 日期间在 VK 网的发帖量、发帖频率、网络议程设置、多模态话语等进行考察，并指出中国主流外宣媒体在 VK 网"自塑"中国形象过程中存在的主要问题。"中俄头条"VK 账号的粉丝数量庞大，发帖频率高，文本阅读数和视频浏览量也一直维持在比较不错的水平，但是，"中俄头条"发表帖文的互动量，即网站粉丝的点赞量、评论量和转发量，却都比较低。同时，"中俄头条"与其他中国主流外宣媒体 VK 账号的合作和互动还比较少。今后，还需进一步提升国际传播能力，努力实现全程、全息、全员、全效的"全媒体"国际传播目标。

第六章针对中国主流媒体在俄罗斯社交平台影响力相对有限等问题，从传播主体、传播渠道、传播内容和传播技术等四个方面提出当前形势下中国形象对俄新媒体传播的策略性建议，包括丰富对俄传播主体，搭建多方协作的战略传播格局；深化融合传播，拓宽中国故事传播渠道；丰富中国故事传播内容，提升对俄传播质量；加强技术赋能，提升中国形象国际传播能级等。

第二章
新媒体中国形象研究综述

    国外学术界对"国家形象"的研究始于美国政治学家布丁（Boulding，1969），他认为，国家形象是一个国家对自己的认知以及国际体系中其他行为体对它的认知的结合，是一系列信息输入和输出产生的结果。也就是说，国家形象是"一国内部公众和外部公众对该国政治、经济、社会、文化与地理等方面状况的认识与评价"（孙有中，2002：16）。

    国家形象的塑造与传播是国家发展战略的重要组成部分，也是一个国家吸引世界关注与投入的重要因素。讲好中国故事，传播好中国声音，阐释好中国特色，关涉中国大国形象的全面提升，是当前学术界研究的时代新任务。近年来，随着中国国力的增强，中国国家形象研究受到新闻传播学、国际关系学与语言学领域学者的重视。三者的研究视角、内容、方法不尽相同。

    （1）传播叙事视域下的研究。包括宏观、中观和微观三个层面。宏观层面探讨"讲好中国故事"的国家立场、话语策略与实施路径等（陈先红，2020；陈圣来，2021；程曼丽，2021）；中观层面考察当代中国文艺实践对"中国故事"认知和表达的总体特征（慕羽，2020；曹成竹，2021）；微观层面分析特定纪录片、小说、电影中的中国故事跨文化传播效果（郭镇之，2016；吴瑾瑾，2021）。无论是宏观、中观还是微观层面的研究，核心任务都是探讨我国在他国的形象问题，运用议程设置与框架分析理论剖析传播策略和效果。此外，还有大量聚焦英美媒体的涉华报道研究，比如，薛可等（2009）以《纽约时报》报道为例，探讨国家形象的符号认知;郭小平(2010)考察《纽约时报》中西方媒体对中国环境形象的建构;黄蒙(2013)分析《纽约时报》对钓鱼岛争端报道的倾向性;张昆、陈雅莉(2014)比较《纽约时报》与《泰晤士报》的中国报道,以审视中国形象的传播现状;王宁等(2017)对《泰晤士报》的涉京报道进行框架分析,以考察英国媒体中的北京形象等。在这类涉华报道研究中,关于俄媒中国形象的研究成果相对较少,并主要集中于俄罗斯传统媒体的中国形象研究,比如,范祖奎(2014)、郑明燕(2014)、王小溪(2017)、王国红(2017)对俄罗斯纸质媒体《论据与事实》《消息报》《真理报》《共青团真理报》《商业咨询日报》以及塔斯社、俄新社和俄罗斯独立电视台报道中的国家形象进行探讨。

总体而言,传播叙事视域下的中国形象研究缺乏针对不同国际受众和话语叙事空间特点的分析,对数字化国际传播的关注明显不足,基于新技术的量化研究也相对较少。

(2)大国外交视域下的研究。主要围绕两个方面开展研究。一方面,基于外交叙事学原理,探讨"讲好中国故事"的话语权生成机制以及与中国国家形象的辩证关系(楚树龙,2015;杨明星等,2021;姜锋等,2022);另一方面,分析习近平总书记关于"讲好中国故事"的内容论和方法论维度(陈曙光等,2018;张子荣,2019)。

相关研究存在基础理论与实践研究脱节的状况,成果主要集中在宏观层面,鲜有学者从中观、微观层面进行专题探讨。

(3)对外话语体系视域下的研究。包括"他塑"和"自塑"两个视角。一方面,从"他塑"视角解读西方主流媒体的当代中国故事报道(刘立华等,2011;董琇,2019),探讨外国文学作品中的中国故事叙述策略(刘建军,2021;王小英等,2021);另一方面,从"自塑"视角考察翻译理论与实践建构对外话语体系的意义与路径(黄友义等,2014;胡安江,2020;许钧,2021;张德禄等,2021;吴赟,2022),思考提升中国故事话语权和主导权的新向度与新策略(王铭玉等,2021;胡开宝等,2021;李建军等,2022)。总体而言,上述研究均为语言学推动国际传播研究的积极尝试,但是,现有研究缺乏跨学科与跨领域的合作,以定性研究为主,且研究模态单一。

随着学科间不断交融,越来越多的语言学者也开始将中国报道新闻语篇作为研究对象,进而谈及政治、经济、文化等问题,阐述中国国家形象构建。主要成果如下。1)外国媒体涉华报道的语言表达手段及翻译研究。范勇(2011a)评析美国主流媒体表达中国文化特色词汇的显异策略,范勇(2011b)探讨当代美国主流媒体中的汉语借词现象,王国凤(2017)考察《华盛顿邮报》和《参考消息》中钓鱼岛事件报道语篇翻译的评价问题。2)外国媒体涉华报道的批评性话语分析。甘莅豪(2011)以批评话语分析方法解构中美在南海问题报道上的隐喻建构,唐丽萍(2016)对美国主流报刊近年来建构中国形象的话语现实和话语策略进行了话语分析。3)外国媒体的中国舆情关键词研究。郑华(2016)、朱桂生等(2016)分别对《纽约时报》《华盛顿邮报》"一带一路"报道进行分析,刘鼎甲(2022)对美英印媒体的中国梦报道语料展开历时分析。

　　综上所述,中国故事的国际传播研究在理论与实践层面都有所进展,但是,缺乏针对不同国家和地区的精准传播研究,特别是针对与中国具有战略协作伙伴关系的大国的"自塑"研究,同时,针对中国形象与国际涉华舆情的研究主要立足于传统媒体,如报纸、杂志、广播、电视。对多学科交融背景下社交媒体的中国故事多模态话语体系建构研究明显不充分。

　　随着具有数字化、多媒体、实时性和交互性特征的新媒体出现和迅猛发展,传统主流媒体纷纷搭乘数字媒体快车,希望在新媒体世界抢占一席之地,其他非主流媒体,如企业、社团和个人用户,也成为各个新媒体平台的活跃参与者,从而推动新媒体语境下的涉华报道与中国形象建构研究兴起并呈现出蓬勃发展之势。2019年1月25日,中共中央政治局就全媒体时代和媒体融合发展举行第十二次集体学习。习近平总书记发表重要讲话,特别提出,"要加强国际传播能力建设,精心构建对外话语体系,发挥好新兴媒体作用,增强对外话语的创造力、感召力、公信力,讲好中国故事,传播好中国声音,阐释好中国特色","要统筹处理好传统媒体和新兴媒体、中央媒体和地方媒体、主流媒体和商业平台、大众化媒体和专业化媒体的关系,形成资源集约、结构合理、差异发展、协同高效的全媒体传播体系"[①]。因此,探清新媒体中国形象研究现状,揭示新媒

───────────────

① 参见:http://www.qstheory.cn/dukan/qs/2019-03/16/c_1124241424.htm?spm=zm5062-001.0.0.1.emSPiL。

体中国形象研究存在的问题,可拓展新媒体中国形象研究的广度和深度,实现由外延式发展到内涵式发展的转向,加快构建内宣外宣联动的主流舆论格局。

第一节　新媒体中国形象研究现状

一、国外研究现状

国外文献有关新媒体中国形象的研究主要依托语料库语言学与批评话语分析理论框架,采用质性与定量相结合的方法以及内容分析法,对国际主流媒体官方网站或英语社交媒体中国形象报道的主题、倾向性及背后成因进行分析,文献作者主要为中国学者,成果数量非常有限。Xiang(2013)通过分析英语社交媒体 WordPress、Technorati、Digg、Reddit、推特、脸书、油管、Topix、NowPublic 和 CNN iReport 上的中国形象,发现与国际主流媒体相比,英语社交媒体在经济、文化和技术领域呈现出更加中立和多样化的中国形象,但在塑造中国社会、政治、宗教和民族形象时,依然不加批判地沿用西方媒体塑造出的刻板形象。Ван Синьцин и др.(2015)通过论证塔吉克斯坦主流网络媒体的中国形象报道倾向性,认为塔吉克斯坦网络媒体关于中国形象的正面报道远远多于负面报道,这有利于网络媒体受众建立对中国的良好印象。Zhang & Wu(2017)对网络版《中国日报》和《金融时报》"一带一路"倡议报道内容进行词频、主题关联度、关键词分类统计及情感倾向性分析,发现《中国日报》所塑造的中国形象主要为爱好和平的新兴全球经济体和负责任大国形象,而《金融时报》对中国形象的塑造带有混合情感,在肯定中国经济的同时,对所谓的中国"地缘政治威胁"保持警惕。我们也注意到,国外最新文献在研究方法和维度上实现突破,正推动新媒体中国形象研究往纵深方向发展。Wang & Feng(2021)通过对短视频社交平台 TikTok 上的西安宣传片进行多模态批评话语分析,深入探究新媒体中国城市形象塑造的特点和策略。

二、国内研究现状

与国外相比,国内学界关于新媒体中国形象研究的成果非常丰富,所涉及的新媒体类型、主题也相当多样。就研究视角而言,以新闻学与传播学视角为主,语言学视角研究较少,也有新闻学和语言学相结合的双重视角。汪启凯、曹湘洪(2018)立足于语言学和新闻学,在语篇三维分析框架下利用语言学评价理论探索中国在吉尔吉斯斯坦主流网络媒体新闻报道中的形象特征。就研究内容而言,以具体案例分析为主,宏观研究成果较少。

(一) 宏观研究

新媒体中国形象的宏观研究成果以论文为主,专著很少。主要专著有何辉、刘朋等的《新传媒环境中国家形象的建构与传播》(2008),作者详细阐释新传媒环境中国家形象塑造的舆论传播技巧以及中国公民、团体的责任和国家意识等。

通过对中国知网(CNKI)检索结果(截止到2020年12月31日)进行筛选,获得新媒体中国形象宏观研究论文20篇。最早的论文成果可追溯到2007年王晨燕对网络重塑中国形象提出的两点策略性建议:建立对外传播旗舰网站,通过新渠道,采用新方法、新手段进行对外传播。此后,不同学者揭示出新媒体环境下(尤其是社交媒体中)国家形象的塑造和演化机制(王斌,戴梦瑜,2017;陈文泰,李卫东,2019),分析新媒体空间中国形象建构与书写的现状与问题、挑战与机遇(沈正赋,2017;杨枭枭,李本乾,2019),提出在国内外网络空间提升中国国家形象的路径和措施(林敏,江根源,2011;曾俊秀,2020)。

(二) 案例研究

与宏观研究相比,新媒体中国形象的具体案例研究成果无论是专著还是论文都要丰富得多。主要专著既有对境外社交媒体(脸书、推特、油管等)的中国形象建构研究(张春波,2014;相德宝,2019;韦路,2020),也有对新媒体环境下的城市形象传播研究(谭宇菲,2019)。通过对CNKI检索结果(截止到2020年12月31日)进行筛选,获得新媒体中国形象的具体案例研究论文61篇。图2-1为国内新媒体中国形象具体案例研究的总体趋势。该图显示,从2015年开始,国内学界对新媒体中国形象的关注显著增加,并在 2018 年达到峰值,这与新媒体近几年的蓬勃发展态势以及国内外主流媒体转移宣传阵地,开始大规模利用新媒体平台塑造和建构国家形象的现实背景相关。我们将从议题分布、形象维度、平台分布、塑造行为主体四个方面对文献进行深入探究。

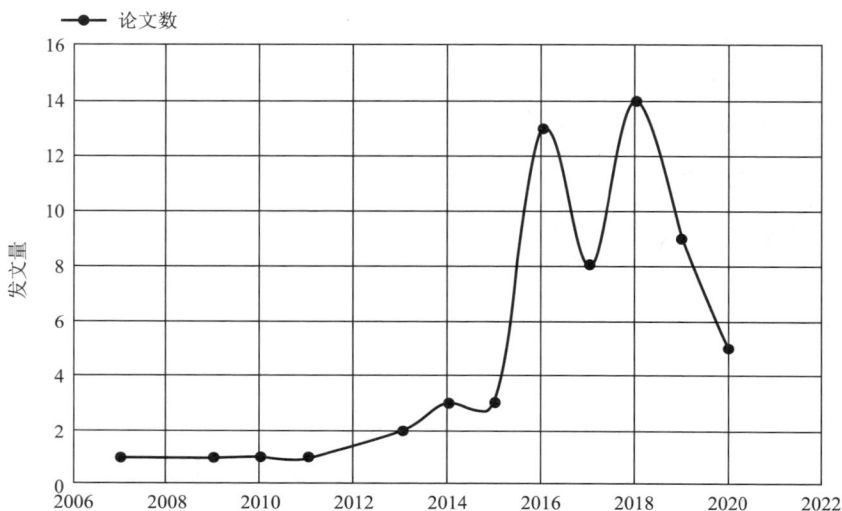

图 2-1　国内新媒体中国形象具体案例研究总体趋势

1. 议题分布

在 61 篇文献中,有 42 篇涉及国内外新媒体中国形象报道的综合性议题,占文献总数近 70%。梁云等(2017)将 VK 网中国报道的议题分为政治、经济、文化、社会、外交、军事与科学技术、国民、教育、体育、卫生与自然环境、旅游、见闻类,并对不同议题的报道数量、频率、篇幅和倾向性进行分析。何杰(2018)重点考察阿富汗主流网络媒体涉华报道中政治、经济、军事和社会报道所建构的中国形象。汪启凯、曹湘洪(2018)将吉尔吉斯斯坦主流网络媒体中国新闻报道分成四类:政治经济类、社会文化类、体育人文类和军事类,并比较不同议题报道的数量、主题和态度资源分布等。

另有 19 篇文献专门围绕新媒体中国报道的单个议题进行考察,这些议题较为分散,涵盖"一带一路"、里约奥运会、中国梦、中国法治建设、中国共产党第十九次全国代表大会、"中国制造"、新中国成立70周年、中国全面深化改革、上海世博会、中国后奥运时代等多个方面。唐婧(2016)比较德国《时代》周报和《明镜》周刊网络版有关中国全面深化改革报道与读者跟帖的倾向性异同,提出精准塑造中国形象的建议。毛伟等(2018)对"一带一路"推特报道进行内容分析,并调研中国主流媒体账号参与"一带一路"报道的实际情况。张立春(2020)以"新中国成立70周年"报道为例,分析央媒VK账号塑造中国形象效果,为我国主流媒体在海外社交平台塑造国家形象提出建议。

2. 形象维度

范红(2013)指出,国家形象包含多维内涵,其中国家形象标识、国情介绍、政府形象、企业形象、城市形象、历史形象、文化形象和国民素质等8个维度是其重要组成部分。在61篇文献中,有44篇都对国内外新媒体中国形象进行了多维度剖析。韦路等(2013)考察传统媒体和新媒体(新闻网站、博客、社交网站和视频网站)的使用与美国人对中国政治形象和非政治形象(文化形象、旅游形象、科学技术形象、体育形象、经济形象)认知的关系。范晓玲(2016)评析了哈萨克斯坦主流网络媒体《哈萨克斯坦快报》和《哈萨克斯坦真理报》中的中国政治形象、经济形象和文化形象。

另有17篇文献专门探究国内外新媒体涉华报道所塑造的某一个维度的中国形象,涉及政府形象、企业形象、地区形象、文化形象、公共人物形象和国民形象等。曾海芳(2016)以国平在人民网上对习近平主席外交活动的报道作为研究对象,综合考察以国平为代表的国内媒体对习近平主席对外形象的塑造。潘璐霖等(2018)从韩国最大搜索引擎Naver中选取韩国网民话语中涉及中国文化的50篇代表性博客作为研究语料,挖掘韩国网民涉华文化话语特点及形成原因,探索新媒体时代如何提升中国文化形象。刘丹(2019)以湖北省法治宣传的权威性微博账号、微信公众号和官方网站为研究对象,评估新媒体语境下法治湖北形象的"自塑"与对外传播力,提出拓宽法治湖北形象对外传播路径的建议。

3. 平台分布

匡文波(2008)认为,新媒体包括网络媒体、数字广播电视媒体和手机媒体三种类型。其中,网络媒体又包含搜索引擎、网络电视、各类网站(社交网站、门户网站、新闻网站、视频网站、电子商务网站、网络社区等)、网络报纸和期刊、博客/播客/微博等媒体形态,手机媒体包含手机报纸和期刊、手机图书、手机电视、手机微博等。

在现有文献中,对国外新媒体平台的中国形象研究明显多于国内新媒体。61篇文献中,有50篇是对国外新媒体平台中国形象的探究,超过文献总量的80%,这些平台包括主流媒体的官方网站、博客新闻网站、社交网站(脸书、推特、油管、VK网等)、博客以及其他平台。表2-1呈现了中国形象研究所涉国外新媒体平台分布情况,可以看出,在国外新媒体平台中,社交网站中国形象研究成果最多,占比60%,其次是主流媒体官方网站和综合平台,分别占比20%和14%,其他平台相关研究都很少。

表 2-1　中国形象研究所涉国外新媒体平台分布情况

新媒体平台	综合平台	主流媒体官方网站	博客新闻网站	社交网站	博客	其他平台
文献数量	7	10	1	30	1	1
百分比	14%	20%	2%	60%	2%	2%

图2-2揭示的是中国形象研究所涉国外具体社交网站分布情况。该图表明,多数学者都同时选取两个或两个以上社交网站平台进行综合分析,如刘滢(2016)以新华社在脸书、推特和油管的传播为例,探析中国主流媒体对外传播和国家形象塑造的社交媒体策略。冯海燕、张莉(2019)以新华社2017年在脸书、油管和推特平台热帖为研究对象,分析网络热帖与中国形象认知的互动机制与影响因素。郑承军等(2020)将英美主流媒体与国内主流媒体在脸书和推特平台上的涉华报道进行比析,探索海外社交媒体平台中国形象最佳传播方式。除综合性社交网站外,也有学者专门选取某一个社交网站的中国报道作为研究对象,选择最多的是推特,其后依次为脸书、VK网和油管。张春波(2013)通过抽样调查对油管网站涉华视频进行分析后指出,视频分享网站作为解构刻板印象的新兴表征范式为中国形象的多角度表征提供新的传播空间。李盛楠

（2016）以《人民日报》在脸书中发布的信息为研究样本，展现其在国外社交平台建构的中国形象，探究中国主流媒体运用网络社交平台对外传播的问题和对策。

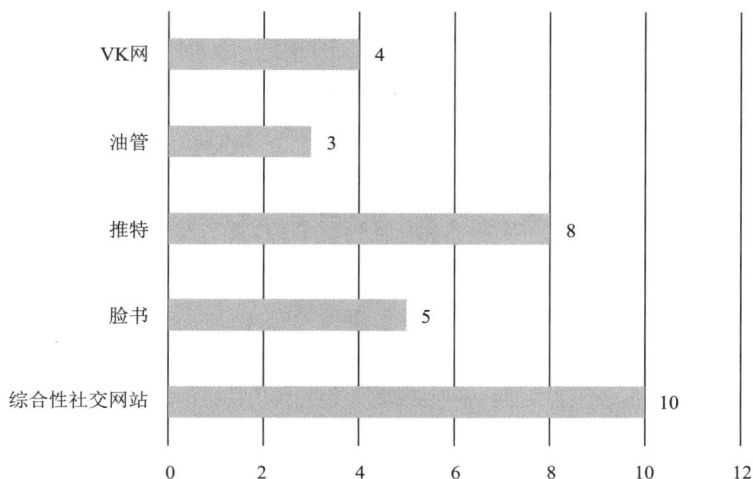

图2-2 中国形象研究所涉国外社交网站分布情况

涉及中国形象研究的国内新媒体平台主要包括政府网站、主流媒体官方网站和社交网站（微博、微信）等。微博和微信作为目前中国主流社交媒体，凭借及时性、交互性、便捷性等特征，在大众传播中占据举足轻重的地位。在媒介融合大背景下，微博、微信已成为外媒获取中国政府及领导人相关信息的重要中国消息源，国内官媒也选择入驻微博平台，开启新的宣传形式和传播理念。卢衍鹏（2017）提出借助微博、微信等社交网站对外传播中国梦和重塑国家形象的必要性。李田玉等（2018）聚焦《人民日报》新媒体（人民网、《人民日报》中央厨房、《人民日报》客户端、《人民日报》微博、《人民日报》微信）十九大报道内容。但是，我们暂未发现涉及知乎、豆瓣等国内专业化、有深度挖掘潜力的社交媒体平台对外传播的研究。何萍、吴瑛（2018）在对所有社交媒体进行横向比较后指出，知乎被《金融时报》和《纽约时报》引用次数较多，议题涉及外媒报道中国和中国政府等，而豆瓣在电影相关报道中被外媒引用次数最多。因此，我们有必要进一步拓宽涉及中国形象研究的新媒体平台。

4. 塑造行为主体

国家形象是动态的,是"他塑"和"自塑"共同作用形成的。所谓"他塑",就是外国传媒构建别国形象,它是一种外来评价和认可,是出自他人感情和意志的塑造法;所谓"自塑",就是本国媒体塑造本国形象,是一种带有自我感情和围绕自我意志的建构方法。在新媒体中国报道相关文献中,涉及"他塑"的文献数量共计 35 篇,"自塑"文献 24 篇,比较"他塑"与"自塑"结果与影响力的文献 2 篇。陈楠(2017)针对新浪微博和脸书在 2016 年里约奥运会期间的传播特征,管窥中国形象在中外自媒体上的不同呈现。

"他塑"所涉国家和地区分布较为分散,包含十几个国家和地区。相关文献既有对几个国家新媒体"他塑"内容和倾向性的综合探析,也有专门针对单个国家新媒体中国形象的研究。图 2-3 展示了"他塑"具体国家及相关文献数量的分布情况。可以看出,国内学者对欧美国家新媒体中国形象的关注远超其他国家和地区。其中,美国媒体塑造的中国形象又是最热门的话题,这也印证了"他塑法的主导权基本掌握在媒体强国手里"的观点(刘小燕,2002:66)。

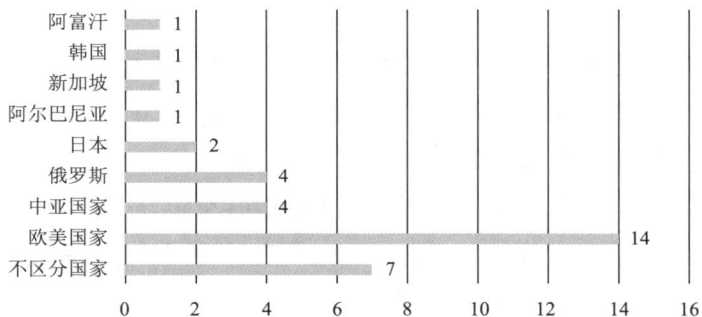

图 2-3 "他塑"具体国家及相关论文数量分布情况

新媒体环境下,任何使用者都可在平台发布信息,进行地位对等的交流,通过与其他参与者互动发出更多声音。这种信息与思想的生产和传播方式使新媒体内容传播模式呈现多根网状,原创性日益增强。由于传播技术和形态的革新,新媒体"他塑"行为主体分布广泛。图 2-4 呈现了"他塑"行为主体分布情况。可以看出,国外主流媒体是中国形象研究的重要对象,占比超过 50%,

其次是对不同塑造行为主体的综合研究,占比近30%。相比之下,以政府、社团和个人等作为研究对象的文献较少。姜玮(2007)对美国四家主流新闻网络媒体MSNBC、CNN、ABCNews和CBSNews的涉华报道进行分析,揭示了舆情变化原因。张春波(2013)选取油管视频分享网站个人用户、非西方媒体和西方非主流媒体(半岛英文台和今日俄罗斯)以及欧美主流媒体塑造的中国形象进行综合分析。相德宝(2015)以推特上的兴趣小组、媒体、企业及非政府组织等组织用户和个人用户涉华舆论为研究对象,探究传者特征及影响力。梁云、张淼淼、佟毅(2017)以VK网社团"Это Китай, детка/Китай каждый день"(这就是中国/每日中国)有关中国的文字、视频和图片报道为研究对象,探析"一带一路"沿线国家民众眼里的中国形象。

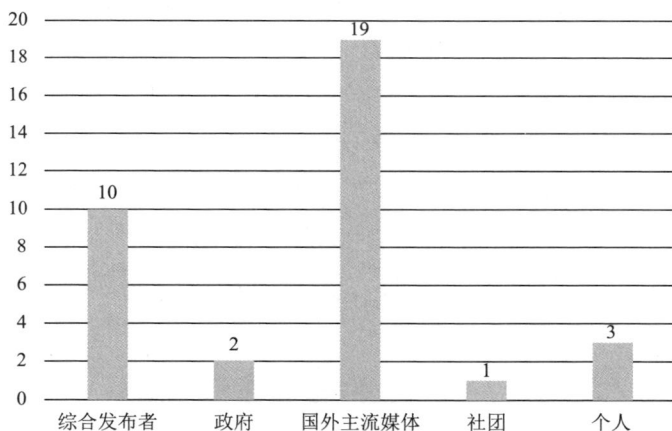

图 2-4　新媒体中国形象研究"他塑"行为主体分布情况

在"他塑"的内容倾向性方面,学者普遍得出结论,国外新媒体上的中国形象是混杂性的,是正面形象与负面形象的结合体,但总的来说,正面报道和中立报道多于负面报道。相德宝(2011)通过研究发现,国外自媒体对中国经济和科技相关报道以正面为主,文化类的客观报道相对较多。吴瑛等(2014)指出,与西方国际传统媒体报道相比,国际新媒体对中国领导人的报道更加正面,作者认为这与新媒体的无党派性等因素相关。肖明等(2017)通过极性分析,发现80多万条英文涉华热门推文中,有55.17%为积极正向的,消极负向的占

31.11％,中立比例为13.72％。但是,国外新媒体涉华报道仍然不乏有失客观和公正的负面内容。吴限(2018)分析日本新媒体涉华报道新变化,发现其呈现出负面性和偏向性,存在缺乏新闻伦理与职业操守以及渲染民族主义"群体失范"的情况,具体表现为:热衷炒作中日领土主权争端;干涉中国内政;渲染"中国威胁论"与"中国崩溃论"。此外,研究结果表明,与西方媒体报道相比,"一带一路"沿线国家,如俄罗斯、中亚国家等的新媒体中国形象报道正面和中立倾向性更加显著,网络版《哈萨克斯坦快报》和《哈萨克斯坦真理报》涉华报道正面倾向占66％,中立倾向占25％(范晓玲,2016);社交网络VK上中立报道占据78.15％,正面报道12.04％(张淼淼,2016)。

国家形象是"自塑"和"他塑"双重因素相互作用的呈现。中国在发展壮大的同时,也在充分利用网络媒体,积极主动向世界传播中国形象,讲述中国故事,扩大国际影响力。"自塑"的行为主体同样分布广泛,包括综合发布者、政府、主流官方媒体和非官方媒体、企业等。但是,与"他塑"相比,"自塑"相关文献都集中于国内主流媒体的报道和国家形象建构,对其他行为塑造主体的研究都很少(图2-5)。贾艺宁(2017)对《人民日报》、新华社和央视新闻关于中国国家主席习近平夫人彭丽媛的推特报道进行了文本分析,李炜炜(2020)以油管平台李子柒投放的短视频为研究对象,探讨了中国形象跨文化传播效率提升的策略。

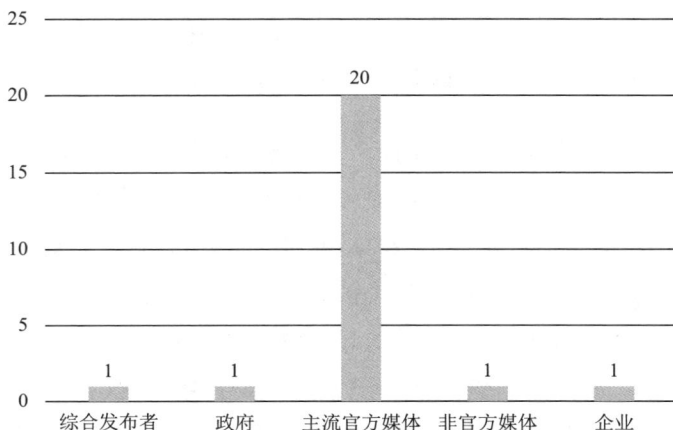

图2-5　新媒体中国形象研究"自塑"行为主体分布情况

国内主流媒体的国家形象建构研究又可细分为国内主流媒体在国外新媒体平台塑造中国形象的研究和在国内新媒体平台塑造中国形象的研究。前者的主要塑造行为主体包括新华社、《人民日报》《中国日报》、中国国际广播电台、中国国际电视台、中央电视台等主流媒体。塑造平台主要为脸书、油管和推特等国际主要社交网络。在当前信息全球化语境下，公众对他国信息的认知经常来自新媒体平台，尤其是社交平台上的新闻报道。为实现国家形象有效传播，我国主流媒体将对外传播阵地由传统媒体向社交媒体拓展，自 2009 年起纷纷布局海外社交平台，并在短短几年时间里增强了存在感。蒋玉鼎（2016）选取新华社、《人民日报》和中央电视台作为中央媒体代表，对他们的推特英文主账号 2015 年发布的习近平主席相关报道进行分析，探讨了新媒体对外传播中的国家领导人形象塑造实践和效果提升策略。后者的主要塑造行为主体是人民网、中国报道杂志社和官媒记者组成的网络评论队伍等，塑造平台主要为官方网站和微博。刘姝昕（2019）对解读中国工作室出版的新媒体国家形象片《中国五年》中的文字和图像特征进行了探析。

第二节　新媒体中国形象研究存在的问题

纵观新媒体中国形象研究现状，新媒体中国形象研究对中国的国际形象和国内形象改进与提升具有一定贡献，但仍存在不足。具体而言，新媒体中国形象研究主要存在以下问题。

一、研究方法不够丰富

目前，新媒体中国形象研究主要集中在新闻学与传播学领域，涉及语言学和国际政治等领域的研究很少。研究基本采用大众传播常用研究方法之一——内容分析法，即通过对某一个或某一类塑造主体在某一段时期涉华报道内容的定量分析，探究其报道数量、倾向、立场和变化规律等。极少数学者尝试运用实证研究方法探讨新媒体使用与国家形象认知的关系,如韦路等(2013)基于美国一项全国性电话抽样调查研究,证实新媒体比传统媒体更有助于增进美国人对中国形象的正面认知;冯海燕、范红(2019)基于在京外国人实证研究,发现中国社交媒体的线上交往对该群体的对华态度存在正向显著影响;冯海燕、张莉(2019)通过对欧美国家人士半结构式访谈,探究新华社海外社交平台热帖与中国形象认知互动机制。

在采用内容分析法开展的相关研究中,用于定量分析的文本数据量普遍偏小,文本的时间跨度较短,态度倾向性和情感分析主要依靠研究者的主观解读,致使新媒体中国形象的呈现具有一定的片面性和局限性。葛岩等(2015)指出,内容分析法有两个弱点:第一,人工编码耗时费力,通常只能处理不多的样本和较具体的新闻事件,而对于时间跨度大、报道量大的研究问题则难以处理;第二,内容分析中部分编码指标相对主观,如报道内容是否客观、报道评价倾向是正面或负面等,编码员的主观偏差很难避免。近年来,有少数学者已开始尝试利用网络爬虫等计算机程序抓取规模相对较大的网络报道数据,力求提高研究结果的客观性和真实度。徐翔(2016)通过"八爪鱼"软件自动抓取、采集和结构化提取、存储帖子页面信息,探究中国文化在油管上的传播效果。毛伟等(2018)借助大数据及可视化分析工具对推特平台"一带一路"报道进行了分析。

二、研究维度不够立体

总的来说,新媒体国家形象塑造具有两个宏观维度,一个是媒体通过文字、图片、音频、视频、表格、漫画等多模态形式呈现的国家形象,另一个是用户反馈的国家形象,主要通过用户数据与文本呈现,包括阅读量、点赞数、点踩数、评论数和评论内容(针对推送新闻的评论和针对整个账号的评论)等。

新媒体的重要特征之一就是它集多种符号于一体进行多文本性、跨文本性传播,这并非两种或几种文本的简单叠加式传播,而是一种"复合式、整合式的全方位传播"(沈正赋,2017:10)。语言、图像、视频等资源不仅呈现在静态的页面上,而且通过"各种超链接实现多层次的复杂结合"(冯德正,张德禄

O'Halloran,2013:8)。因此,与传统媒体中国形象以单文本为主的研究相区别,新媒体中国形象的多模态研究应更多着眼于分析各种模态之间的衔接关系以及解析媒体如何"排列组合"各种模态建构意义等。遗憾的是,现有研究仍主要关注媒体发布的文字内容或是对油管视频塑造的中国形象展开单模态表征分析,较少将文字、图片、颜色、表格、动画、影像等共同参与意义建构的符号资源整合起来进行多模态交互研究。多模态研究成果屈指可数,刘姝昕(2019)对新媒体国家形象宣传片《中国五年》的多模态语篇进行话语分析,探究了新媒体国家形象片"自塑"国家形象的效果与策略。

此外,现有研究主要立足于媒体塑造的国家形象,较少关注用户反馈的国家形象,如用户活跃度(发文频率)、用户传播力(粉丝数)、帖子影响力(转发、收藏)和评论的倾向性(正面、中立、负面)等。郭镇之(2009)对《纽约时报》网络版一篇新闻报道的文本内容和读者评论倾向性进行了分析。唐婧(2016)选取德国媒体网络版有关"中国全面深化改革"的报道和相应网络互动作为研究对象,探讨了跟帖与报道本身构建的中国形象差异。

三、形象塑造主体不够全面

新媒体时代世界信息体系不可避免地遭遇"去中心化",但这并不意味着"中心—半边缘—边缘"结构的消失。西方媒体,尤其是美国和英国媒体,仍处于整个网络结构的中心(吴瑛等,2015)。就文献中的形象塑造国家而言,新媒体中国形象研究主要集中于对西方主流国家的"他塑"内容研究,其中又以美国和英国为重点研究对象,而对非西方国家和地区,如非洲、亚洲等区域,关注较少;就形象塑造主体而言,无论是"自塑"还是"他塑",都以主流媒体的涉华报道为主,对非主流媒体,如企业、非政府组织、网络社团、网民个体,关注较少。尤其是在"自塑"研究中,对非主流媒体的研究文献数量仅为主流媒体的五分之一。形象塑造主体的单一化将导致难以客观呈现新媒体中国形象的全貌,也难以为对外传播"自塑"能力的增强提供有效的实践参考。

随着新媒体时代全球范围内的信息流动加速,媒体间的交流日趋频繁,网络的"去中心化"趋势明显,信息权力的分散使得西方媒体开始面临难以垄断消息源的困境。与此同时,在人人都有麦克风的今天,普通民众的声音也日益受到重视。因此,我们应拓展研究的广度,在增加对非西方国家媒体关注的同时,加强对不同形象塑造主体的研究。

习近平总书记指出:"全媒体不断发展,出现了全程媒体、全息媒体、全员媒体、全效媒体……我们要因势而谋、应势而动、顺势而为。"新媒体是多种传播形式复合的媒体,大众媒体界限分明的媒体类型区分在新媒体阶段将不再具有意义,"复合信息"将在新媒体研究领域备受关注。因此,我们亟待收集大量国家形象的多模态语料,筹建更为大型的多模态语料库,并基于对大量真实语料的系统描述,借助情感分析软件,得出更加可靠的结论,提出更加符合新媒体对外传播的对策。与此同时,我们还需引入更为多样化的研究方法,如问卷调查、半结构式访谈、眼动试验、脑成像等实证研究方法,同时寻找更多的融合性视角,从更多的学科领域当中汲取营养,如文化学研究、人类学研究、民族志研究、互动语言学研究,积极打造新媒体国家形象传播研究的立体性和丰满性。

第三节　中国形象在俄罗斯的传播研究述评

一、国外研究现状

在俄罗斯学界的中国形象问题研究方面,最具代表性的学者是俄罗斯东方学家、政治家、国际关系专家 А. В. Лукин。他根据大量一手史料和媒体报道,于 2005 年撰写博士论文探讨 18—20 世纪中国形象在俄罗斯的演变及俄中关系,2007 年出版专著《Медведь наблюдает за драконом. Образ Китая в России в XVII-XXI веках》(《一头熊注视一条龙:17—21 世纪中国在俄罗斯的形象》)阐述 17—21 世纪中国在俄罗斯的形象演变过程及其在俄罗斯对华政策上的影响,开辟了中国在俄罗斯的形象问题研究之先河。2013 年主编的著作《Россия и Китай: четыре века взаимодействия》(《俄罗斯和中国:四个世纪的相互影

响》），分别从历史、现状和前景等方面爬梳了俄中关系的发展脉络。2015 年，
А. В. Лукин 再 次 出 版 论 文 集《Возвышающийся Китай и будущее России》
（《崛起的中国与俄罗斯的未来》）。这部论文集堪称作者多年研究成果的集大
成者，包括学术论文、新闻文章、评论、传记、分析材料、采访记录等，涉及文化、
意识形态、历史、中国的对内对外政策、俄中关系以及俄罗斯的中国研究等多方
面内容。

2007 年，Н. Л. Мамаева & А. Л. Верченко 在 出 版 的 论 文 集《Образ
китая в современной России》（《中国在当代俄罗斯的形象》）中收录了俄罗
斯、白俄罗斯、中国等多个国家的学者对中国国家形象问题的研究成果，论
述了中国形象问题在中俄各层交往中的重要作用。А. Волохова（2008）和
Ю. П. Горяина（2009）分别探讨了 21 世纪初中国对内和对外形象的特征。
2009 年，Е. С. Цисельская 在其副博士学位论文中，从历史学角度考察了中国
形象在欧洲以及俄罗斯的形成与转变。她通过搜集与整理史料发现，关于中国
的最早信息记录在古希腊和古罗马作家的作品中，比如，斯特西亚斯（Стезиас，
公元前 4 世纪）、老普林尼（Плиний Старший，公元 1 世纪）、托勒密（Птолемей，
公元 2 世纪）、狄奥尼修斯－佩里盖特（Дионисий Периегет，公元 3 世纪）等，之
后出现在中世纪欧洲学者和诗人的作品中，比如，杰奥多福（Теодулф，8 世纪中
叶）、杰奥芬（Теофан，8 世纪末）、米隆（Милон，810—872）、罗提乌斯（Ротиус，
820—891）、尼泽弗尔－布莱米达斯（Ницефор Блеммидас，8 世纪）、斯科利斯特
（Сколнаст，9 世纪—10 世纪）、雅克－德－维特里（Жак де Витри，1178—1240）
等。这些作品中有关中国的信息来源可以大致分为两类，第一类是摘录有中国
历史或地理信息的文学作品，第二类是地理学家和历史学家提及中国的著作。
Е. С. Цисельская 的研究发现为我们追溯俄罗斯的中国形象研究提供了重要的
史料依据。

除了宏观层面的中国形象研究以外，还有些俄罗斯学者以俄罗斯的大众
传媒为切入点，探讨中国报道与中国形象在俄罗斯大众传媒中的塑造特点。
О. А. Бакунин（2008）分析了北京奥运会期间俄罗斯大众传媒对中国国家形
象的塑造特点。В. А. Горбунов（2019）以俄罗斯报刊《论据与事实》和俄罗

斯电视节目《索罗维耶夫之夜》的中国报道为语料来源,考察了俄罗斯大众传媒对中国形象的塑造特点。А. М. Кирсанова(2019)以俄罗斯专业网络媒体《Магазета》《ЭКД！》和《ChinaPRO》为研究对象,分析近年来俄罗斯现代网络媒体所形成的中国形象特征。Н. К. Радина(2021)以新冠肺炎疫情的媒体话语为例,探讨数字媒体话语中的中国形象以及意识形态的传播方式与建构路径。

总体而言,国外研究零散而不成体系,缺乏理论建构意识;研究成果主要集中在新闻传播学与国际关系学领域,较少涉及语言学视角;由于国际传播存在西强东弱的现象,因此,面向俄罗斯新媒体的研究很少,中国故事研究更是鲜见。

二、国内研究现状

国内学者将中国形象在俄罗斯的"他塑"效果作为研究重点,研究成果主要集中在两个方面。

一方面是俄罗斯主流媒体涉华报道中的中国形象研究。范祖奎、房玉霞(2014)以俄罗斯的《真理报》作为研究对象,侧重分析其 2010—2012 年的涉华报道,探讨这一时期《真理报》中的中国国家形象。王国红(2017)以俄罗斯主流媒体《论据与事实》新闻周刊和俄罗斯独立电视台作为研究对象,分析其 2013—2015 年的涉华报道,并从中俄文化交流、中国科技成就以及中国社会问题三个角度探究俄罗斯媒体视角下的中国社会形象。许华(2018)发现,俄罗斯涉华报道兼具正面与负面内容,但观察角度较为实际和客观,甚少因政治偏见与意识形态差异对中国形象进行歪曲、贬低和丑化,整体上对中国形象、中国在国际舞台上的作用持肯定态度。

另一方面是中华文化与中国形象在俄罗斯的传播现状与影响研究。李玮(2011)通过具体数据分析了俄罗斯眼中的真实中国形象,总结出当今俄罗斯民众对中国态度的三大特点:政治上认可、经济上赞同、文化上缺乏了解和轻视,同时从俄罗斯传统与现实中的三重文化特质——"弥赛亚情结""村社精神"和"拜金主义"——来解析上述现象的成因。杨春蕾(2018)通过介绍王阳明思想学说在俄罗斯的传播和影响状况,对儒家文化的国际传播以及中华文化"走出去"的战略方针提出了建议。许华(2021)梳理了中国当代文学在俄罗斯的传播历程,并选取2020年译介至俄罗斯的具有代表性的几部中国当代文学作品进行案例研究,总结出中国当代文学在俄罗斯的传播经历了低潮、曲折发展,直至近年来的稳定增长等阶段。陈著、张鸿彦(2021)以太极拳运动在俄罗斯的跨文化传播为重点,着重探讨了太极拳运动及其文化在俄罗斯的传播与接受效果,反思存在的传播困境并提出加强对俄传播的针对性对策。

　　除中国形象在俄罗斯的"他塑"效果研究以外,也有学者探讨了新形势下对俄"自塑"中国形象的策略与路径。郑亚楠(2014)以全球文化流动的五个维度为基点,观察中俄远东地区的媒体图景,并从传播内容、传播渠道和传播对象等方面提出了中俄地区间的传媒策略,即要注重讲述人的故事、建设和运用好新媒体平台、影响有影响力的媒体和人等。张严俊(2021)提出了新形势下对俄罗斯青年群体讲好中国故事的策略与路径。

　　随着数字和网络技术的蓬勃发展、新的信息传播方式和发布终端的出现,俄罗斯传统媒体加速转型,与新媒体在内容、渠道、平台、经营、管理等方面进行深度融合,衍生出手段更多样、层次更丰富、更符合不同平台用户需求的信息产品。在网络时代,俄罗斯媒体资讯数量成倍增长,对中国开展了多层次、立体化、全方位的解读,逐步展现出更加客观真实的中国形象。在俄罗斯新媒体的蓬勃发展态势之下,国内学者也开始关注俄罗斯新媒体的中国报道研究。张冬梅、姜典辰(2020)基于俄罗斯社交网站VK网的搜索引擎,对新中国成立70周年相关信息和报道进行梳理,并从报道的总体特点和内容层面进行定量和定性分析,以此了解俄罗斯社交媒体对这一重大事件的态度和评论。张立春(2020)同样以"新中国成立70周年"报道为例,分析三大央媒(新华社、《人民日报》、中央广播电视总台)VK账号塑造的中国国家形象及其效果,并为我国主流媒体在海外社交媒体平台上的国家形象塑造提供建议。

　　总体而言,国内现有研究成果仍以经验主义研究为主,量化分析不够;以传统媒体为主,新媒体涉及较少;以文字报道研究为主,暂未涉及多模态话语研究,无法准确研判数字化时代不同受众的感受与体验需求。

本章小结

　　本章分别从成果数量、研究方法、研究议题、形象维度、平台分布、塑造行为主体等多个角度对新媒体中国形象在国内外的研究现状进行了爬梳,指出新媒体中国形象研究存在的主要问题,同时考察了中国形象在俄罗斯的传播研究现状。

　　国内学界的相关研究内容主要还是集中在英美主流媒体的涉华报道分析上,对俄罗斯媒体的中国形象研究关注较少;研究成果主要涉及传统媒体,对传播速度更快、互动性更强的新媒体关注不够;研究方法以定性研究为主,对媒体国家形象塑造进行宏观分析,而基于语料库的定量研究不多;在研究领域方面,新闻传播学和话语研究两种视角尚需贯通,跨学科的学术研究视野还需要进一步拓展。

　　国外学界对俄罗斯的中国形象问题研究主要集中在国际关系学领域,较少涉及语言学视角;对俄罗斯媒体中的中国报道与中国形象研究较为薄弱,极少涉及新媒体传播领域;多从宏观出发,缺乏微观建议,宏观与微观之间融合不够,研究方法也较为单一。

　　总的来说,无论是国内还是国外,基于语料库的俄罗斯新媒体中国报道与中国形象问题研究都比较匮乏,亟须从研究方法和研究平台等角度进行深度和广度的提升和完善。

第三章
新冠肺炎疫情时期 VK 网
涉华报道的话语分析

　　2020 年席卷全球的新冠肺炎,感染范围广、传播速度快、防治难度大,成为世界性的公共卫生事件。疫情既是放大镜,也是催化剂,疫情防控期间中国的国家形象可能被一些焦点事件重构。"任何关于这个世界的言说或文字都是基于特定的意识形态立场。"(Fowler,2010:10)围绕疫情的话语不仅反映人们有关这场流行病的认识,也会影响人们对待疫情的态度与行为,因此,新冠肺炎疫情时期的涉华报道与中国国家形象研究引起学界关注,成为新的研究热点。

　　既有研究以新冠肺炎疫情时期中国形象在英语话语体系的"他塑"为主,语料来源主要为英语国家主流新闻媒体官方网站或门户网站收集的新闻报道,或是新闻数据库收集的新闻报道样本,本质还是以报刊为载体的研究。前者选取的媒体主要包括《华尔街日报》《纽约时报》《华盛顿邮报》、福克斯新闻台和美国有线电视网等(李婵,2020;程美东等,2020;胡晓斌,2021;黄蔷,2021);后者选取的新闻数据库主要有全球新闻及商业数据库 Factiva(高金萍等,2020a,2020b)、世界各国报纸全文数据库 Access World News(毛伟,2020)和英语国家新冠肺炎新闻语料库 The Coronavirus Corpus(刘鼎甲,2021)等。随着中俄关系不断向纵深方向发展,疫情期间俄罗斯主要媒体和智库的涉华报道同样引起国内学者关注（曲文轶，2020；陶源，2020；高金萍等，2020c；李骋宇等，2021）。

相关研究追踪的时间段都比较短，主要集中在 2020 年 1 月至 4 月期间的新闻报道；以描述性分析为主，主要基于有限语篇的定性解读，存在语料代表性不足和分析结论主观性强的局限；信源选择面较窄，主要关注国外主流新闻媒体的相关报道，对社交媒体的舆情分析关注不够。

在移动互联网时代，内容生产与发布的低门槛与便捷性使内容生产从以前的"专职编辑"转变到如今"专职编辑"与"全民参与"并存的数字内容生产格局。这些用户生产内容（UGC）和专业生产内容（PGC）大大丰富了内容市场。在社交媒体平台，发布与传播信息已不再是新闻媒体机构的专利，个体传播者与其他社会机构都可以直接参与信息的发布与传播。因此，国外社交媒体中的中国形象建构同样应当引起学界的重视。本章依托费尔克劳的批评话语三维分析框架，借助词频、索引行等语料库分析方法，对俄罗斯 VK 网有关新冠肺炎疫情的涉华报道进行实证研究，考察俄罗斯社交媒体对新冠肺炎疫情时期中国形象的话语建构，探讨报道内容所展现的意识形态及其与政治、社会和文化的关系。

第一节 研究设计

一、研究数据

在绪论中，我们已经提到，VK 网是俄罗斯国内规模最大、最受欢迎的社交网站，18～34 岁的中青年群体是 VK 网最主要和最活跃的用户群体。在 VK 网上，发布中国相关报道的信息源主要由媒体账号、机构账号和个人账号组成。媒体类信息源指的是各大通讯社、电视台、报纸、杂志等在 VK 网上注册的账号，一般在其官方公共主页上发布快讯及评论性文章。其中，又以塔斯社、俄新社、列格努姆通讯社（Regnum）、独立电视台、《观点报》等权威媒体的报道链接及视频转载量较多,因而在 VK 网的传播范围更广、影响力更大(张冬梅,姜典辰,2020)。机构类信息源主要包括俄罗斯的智库团体以及与中国有交流合作的官方和民间组织。个人类信息源为 VK 网的普通用户,多与中国有各种各样的联系。

张冬梅等(2020)曾做过一个调查统计,在 VK 网上以"中国"和"中国的"为关键词进行检索,发现可以找到 200 多个关注人数超过 1 万人的相关社群,其中既包括"中俄头条""中国报"等官方社群,也包括组织机构及普通民众自发创建的群组。VK 网用户通常在主页上推广中国商品、普及汉语知识、分享中国文化、介绍旅游景点以及发布与中国相关的时事新闻和热议话题等。这类社群的出现,加深了俄罗斯受众对中国的认知和了解,激发了其对中国的兴趣,成为社交平台上中国形象传播的重要抓手。

本研究使用网络爬虫软件,以 VK 网为语料来源,输入检索式进行主题(TS)检索:TS =("Китай" OR "КНР" OR "Поднебесная" OR "Китайск*" AND "Коронавирус" OR "COVID-19")("中国" AND "新冠肺炎"),时间跨度设置为 2020 年 1 月 1 日至 2021 年 2 月 10 日,共获得涉华新冠肺炎疫情报道 1 750 篇。我们对所有文章进行逐篇查看,手动删除重复的文本(多为转发文章),最终确认 735 篇报道作为本研究的语料,总计 283 739 形符。

二、研究步骤

首先,本研究从文本分析维度描述俄罗斯 VK 网在 2020 年 1 月 1 日至 2021 年 2 月 10 日期间涉华新冠肺炎疫情报道数量变化情况,探究俄罗斯网民对"新冠肺炎病毒"相关术语的选择和使用趋势,通过对前 30 位高频名词的语义分类考察俄罗斯民众涉华新冠疫情的关注话题,并对相关文本进行多模态分析。其次,从话语实践分析维度探究俄罗斯网民构建和转述话语的信息源分布规律。最后,从社会实践分析维度揭示俄罗斯社交媒体涉华新冠疫情话语建构的社会文化语境与意识形态因素。

第二节　新冠肺炎疫情时期 VK 网涉华报道的文本分析

根据费尔克劳的三维分析框架,文本分析包括对词汇、语法、连贯性和文本结构等语言使用策略的形式特征进行分析。根据语料特征,本书主要从文本数量分布、术语的选择与使用、高频名词的语义分类、多模态话语分析等四个方面对俄罗斯社交媒体涉华疫情报道的文本特征进行考察。

一、文本数量分布

图 3-1 展示了俄罗斯 VK 网在 2020 年 1 月 1 日至 2021 年 2 月 10 日期间每月帖文数量的变化情况。我们发现,有关新冠肺炎疫情涉华话题的发帖量最为集中的时间段是 2020 年 1 月到 2020 年 5 月,其中,帖文数量在 2020 年 3 月达到顶峰,为 241 篇。随后几个月,帖文数量逐渐维持在较为稳定的区间,在 10 到 30 篇之间波动。这一数量变化趋势符合中国新冠肺炎疫情的发展趋势。

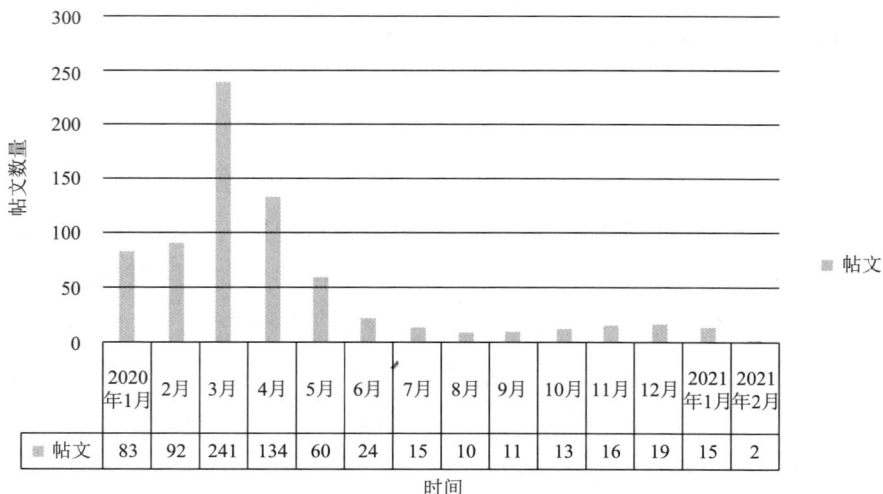

时间	2020年1月	2月	3月	4月	5月	6月	7月	8月	9月	10月	11月	12月	2021年1月	2021年2月
帖文	83	92	241	134	60	24	15	10	11	13	16	19	15	2

图 3-1　涉华新冠肺炎疫情报道数量变化图

　　从 2020 年 1 月到 2020 年 4 月期间,由于缺乏对病毒的了解以及患病人数的快速攀升,俄罗斯民众对新冠肺炎存在较为普遍的恐慌心理,关注度很高。这一时期也涵盖了新冠肺炎疫情发展的关键时间节点,包括:2020 年 1 月 8 日,国家卫生健康委专家评估组初步确认新冠病毒为本次疫情病原;2020 年 1 月 23 日,武汉全市公共交通暂停运营,机场、火车站离汉通道暂时关闭;日内瓦时间 2020 年 1 月 30 日,世界卫生组织宣布新冠肺炎疫情为国际关注的突发公共卫生事件;2020 年 2 月 8 日,武汉雷神山医院交付使用;日内瓦时间 2020 年 2 月 28 日,世界卫生组织将新冠肺炎全球风险级别调至"非常高"等。

　　随着 3 月 11 日世卫组织总干事谭德塞宣布新冠肺炎疫情"从特征上可称为大流行"等,俄罗斯网民对中国新冠肺炎疫情的关注达到顶峰。

　　自 2020 年 4 月中国疫情达到拐点并得到有效控制后,俄罗斯国内新冠肺炎疫情开始呈蔓延之势,俄罗斯网民开始将注意力转移到国内及全世界的疫情形势上,对华关注热度有所回落。

二、术语的选择和使用

　　各国社会文化和意识形态的不同,会导致人们对于同一事件的不同看法,进而影响他们使用的语言内容与形式(李立新,2019)。谈及病毒命名,世界卫生组织总干事谭德赛表示:"拥有一个不影射任何地理位置、动物、个人或群体的名字至关重要,可以防止人们使用其他不准确或带有污名化的名称。"因此,通过分析俄罗斯社交网站 VK 网在报道新冠肺炎疫情时对术语词汇的选择和使用,可以比较直观地揭示俄罗斯民众的立场和态度。

　　我们梳理了语料中与"新冠肺炎"相关的所有表达如下:COVID-19(新冠肺炎),covid(冠状病毒),coronavirus（冠状病毒）,коронавирус（冠状病毒）,"китайский вирус"("中国病毒"),"уханьский вирус"("武汉病毒"),эпидемия（流行病）,пневмония（肺炎）,грипп（流感）,ОРВИ（急性病毒性呼吸道感染）。表 3-1 为"新冠肺炎"相关术语表达每月使用频率的具体数值。其中,1—14 代表 2020 年 1 月至 2021 年 2 月的 14 个月份。

表 3-1 "新冠肺炎" 相关术语表达每月统计表

	1	2	3	4	5	6	7	8	9	10	11	12	13	14
COVID-19	4.25	5.41	35.56	33.16	42.95	48.22	51.24	45.98	81.65	66.28	75.52	37.14	37.16	72.69
covid	3.78	0.00	3.03	1.97	4.73	50.55	4.10	7.66	0.00	8.03	9.44	5.80	11.01	12.12
coronavirus	2.83	3.15	2.20	0.33	1.09	0.78	0.00	0.00	3.55	0.00	0.00	0.00	1.38	0.00
коронавирус	116.65	143.27	100.81	74.69	85.54	62.21	106.58	49.81	67.45	50.35	50.35	58.03	53.68	48.46
"китайский вирус"	0.94	4.05	0.21	0.49	0.00	0.00	0.00	0.00	0.00	0.00	0.00	0.00	0.00	0.00
"уханьский вирус"	0.47	0.00	0.00	0.00	0.73	0.00	0.00	0.00	0.00	0.00	0.00	0.00	0.00	0.00
эпидемия	34.00	27.48	35.35	33.82	35.31	16.33	6.15	5.75	10.65	22.03	22.03	1.16	6.88	7.57
пневмония	29.28	12.61	8.05	8.70	3.64	3.89	32.79	0.00	7.10	0.00	0.00	8.12	19.27	12.12
грипп	18.89	20.27	15.58	9.19	2.91	8.55	12.30	1.92	0.00	0.00	0.00	1.16	12.39	7.57
ОРВИ	7.08	4.96	3.14	2.79	1.09	1.56	0.00	0.00	0.00	0.00	0.00	2.32	4.13	0.00

根据表 3-1 的统计数据，我们发现，整体上看，使用频率最高的是 коронавирус（冠状病毒）和 COVID-19。

коронавирус 来自拉丁语 corona，意为"冠状"，由最早发现和研究人类冠状病毒的科学家 June Almeida 和 David Tyrrell 创造。1968 年，一个非官方的病毒学家团队在《自然》杂志上首次使用该词命名某新发现的病毒家族。COVID-19 是世界卫生组织对新型冠状病毒性肺炎的正式命名，即 2019 年发现的冠状病毒病。该两个病毒名称在俄罗斯社交网站的高频使用表明，俄罗斯网民对新冠病毒有较为科学和准确的认知，能够客观地、不带偏见地看待病毒的起源与传播。

尽管"китайский вирус"（"中国病毒"）和"уханьский вирус"（"武汉病毒"）这两个带有地域歧视和污名化的名称在疫情暴发初期偶有使用，但使用频率非常低，并且在 2020 年 5 月之后便不再使用，这表明在全球化进程中，俄罗斯显然没有遵循西方的话语霸权，在涉及中国的表述上采取了更为客观公正的态度。

除使用频率最高的 коронавирус 和 COVID-19 外，эпидемия（流行病）、пневмония（肺炎）和 грипп（流感）的使用频率也相对较高。这些表达一方面反映了俄罗斯民众对病毒的定性，认为它是一种会引发肺炎的流行性感冒病毒,另一方面也体现出社交媒体语言表达的口语化、多样化特征,人们可以根据自己的理解和表达习惯描述某个事物,而无须完全拘泥于该事物固定的正式表达。

三、高频名词的语义分类

对俄罗斯 VK 网涉华新冠肺炎疫情报道高频名词的考察,可揭示俄罗斯网民在疫情期间最关注的议题。我们通过语料库提取出位居前 30 位的高频名词,如表 3-2。

表 3-2　涉华新冠肺炎疫情报道高频名词词表(前 30 位)

排名	词项	频次	频率(每百词)	译文
1	Китай/КНР	2 282	73. 31	中国
2	коронавирус	2 278	73. 18	冠状病毒
3	вирус	1 495	48. 03	病毒
4	год	1 265	40. 64	年
5	COVID	1 223	39. 29	冠状病毒
6	страна	1 206	38. 74	国家
7	люди	874	28. 08	人们
8	человек	863	27. 73	人
9	Россия/РФ	862	27. 69	俄罗斯
10	мир	819	26. 31	世界
11	случай	813	26. 12	事件,情况
12	США	719	23. 10	美国
13	эпидемия	694	22. 30	流行病
14	время	633	20. 34	时间,时期
15	заболевание	601	19. 31	疾病
16	пандемия	568	18. 25	大流行病
17	день	547	17. 57	日期,时期
18	инфекция	521	16. 74	传染,感染

续表

排名	词项	频次	频率（每百词）	译文
19	маска	493	15.84	口罩
20	Ухань	410	13.17	武汉
21	мера	406	13.04	措施
22	распространение	379	12.18	传播，扩散
23	пациент	367	11.79	患者，病人
24	ситуация	352	11.31	形势，局势
25	вакцина	350	11.24	疫苗
26	врач	335	10.76	医生
27	грипп	335	10.76	流行性感冒
28	карантин	329	10.57	隔离
29	власть	320	10.28	政府，当局
30	ВОЗ	313	10.06	世界卫生组织

我们将这些高频名词按照语义分为五类（见表3-3）。这些语义分类较为直观地呈现出俄罗斯网民对涉华新冠疫情持续关注的几大问题。

表3-3　VK网新冠肺炎疫情报道高频名词的语义分类

	语义分类	高频词
1	区域	Китай/КНР（中国），страна（国家），Россия/РФ（俄罗斯），мир（世界），США（美国），Ухань（武汉）
2	病毒性质	коронавирус（冠状病毒），вирус（病毒），COVID（冠状病毒），эпидемия（肺炎），пандемия（流行病），грипп（流感）
3	时间	год（年），время（时间），день（日期、天）
4	措施	маска（口罩），мера（措施），вакцина（疫苗），врач（医生），карантин（隔离），власть（当局），ВОЗ（世界卫生组织）
5	影响	люди（人们），человек（人），случай（事件），инфекция（感染），заболевание（疾病），распространение（传播），пациент（病患），ситуация（形势）

（1）新冠病毒的发病地区和疫情发展时间轴,包括早期不明原因肺炎患者发病地武汉的疫情形势、中国每日新增确诊病例和死亡人数等;

（2）新冠病毒的性质与危害性,包括病毒的起源、传播速度、潜伏期、临床特征等;

（3）中国、俄罗斯等国与世界卫生组织的疫情防控措施及其有效性,包括中国政府实施的隔离政策、新冠疫苗研发进展、世界卫生组织关于新型冠状病毒疫情的声明、俄罗斯当局的应对措施等;

（4）疫情对普通民众的经济生活影响,包括医疗资源的紧缺、医护人员的压力、被感染者的身心伤害、疫情对国家和世界经济的巨大冲击等。

作为最早遭受新冠肺炎疫情袭击的国家之一,中国在与新冠肺炎疫情的斗争中付出了艰辛努力和巨大牺牲,以中国速度、中国力度和透明度,逐渐取得有效抗疫成果并在国际社会战"疫"过程中发挥越来越大的积极作用,赢得国际社会的肯定和高度关注。在俄罗斯,从新冠肺炎疫情在中国武汉暴发到我国对疫情形势的全面控制,再到我国对国外疫情提供积极援助,俄罗斯民众对华舆论也经历了由恐惧到冷静、由质疑到理解和支持的心理变化过程。俄罗斯网民对中国在较短时间内控制住疫情并逐步恢复经济社会生活的抗疫成效表示惊叹,也对中国的抗疫模式、危机治理经验和国际援助给予积极评价。

（1）Благодаря своевременному введению жестких ограничительных мер и огромному административному ресурсу правительству КНР удалось взять вирус под контроль, и уже сейчас прирост зараженных в стране остановился. （由于及时采取了严格的限制措施以及拥有庞大的行政资源,中国政府成功控制住病毒,现在该国感染人数的增长已经停止。）

（2）Китай рассматривает совместную борьбу с эпидемией как уникальный шанс укрепления международной координации и сотрудничества в интересах защиты нашей планеты как «общего дома» и «мировой деревни». （中方将共同抗击疫情视为加强国际协调与合作的难得机遇,共同保护好地球这个"共同家园"和"地球村"。）

（3）Как объявили китайские власти, вспышка коронавирусной инфекции в стране находится под контролем, пик заболеваемости пройден...

Председатель КНР Си Цзиньпин лично бесстрашно прошелся по улицам Уханя, проинспектировал местные клиники и пообщался с горожанами. Постепенно деловая активность возобновляется, начинают функционировать остановленные производства. Китайские ученые и медики усиленно работают не только над поиском противоядия против коронавируса и средств профилактики, но и источника заражения. (正如中国政府宣布的，中国新冠疫情暴发趋势已经得到控制，发病高峰已经过去……中国国家主席习近平亲自无畏地走在武汉街头，视察当地诊所，与市民交谈。商业活动正在逐步恢复，停工停产的企业开始复工。中国科学家和医疗专家不仅在努力寻找抗冠状病毒的药物和预防手段，也在努力寻找感染源。）

值得注意的是，在 VK 网涉华疫情报道高频名词词表中，美国是出现频率排名第三的国家，仅次于中国和俄罗斯。我们对"美国"的检索行进行分析发现，俄罗斯网民对美国的关注点主要体现在两个方面，一是美国的疫情形势与防控举措，二是疫情背景下中美两国的博弈，包括中美因病毒起源和扩散责任的争论以及政治经济竞争的加剧。作为世界上两个最重要的大国，中美关系的发展和演变引发作为第三方力量的俄罗斯关注（曲文轶，2020）。中美两国因疫情产生的竞争与摩擦被俄罗斯民众视为两国在政治、经贸和国际影响力方面的新一轮博弈，因此，中美关系成为疫情背景下俄罗斯社交媒体的高频话题。在中国暴发疫情的特殊时期，以美国为首的西方国家在这次重大公共卫生事件报道中没能体现媒体中立客观的报道框架和舆论态度，反而在国际上就病毒的起源和扩散责任问题掀起了反华浪潮，加大对中国抗疫的指责，从而导致中美竞争激化和对抗升级。但是，在国家形象问题上，中国与俄罗斯长期面临高度相似的境遇——与西方政治价值观与社会体制的差异，西方对两国军事、经济、社会发展的不安，西方媒体的负面报道等（吴飞等，2014），因此，面对美国不实言论，俄罗斯网民并未受其干扰与负面影响，普遍站在更加客观、公正的立场理性看待中美两国的抗疫摩擦。

（4）Конечно же, Вашингтон не мог просто признать своих ошибок, и обвинил во всех бедах Китай. Несмотря на протесты китайского правительства, президент Дональд Трамп, госсекретарь Майк Помпео и другие должностные лица правительства США продолжают демонстративно называть новый вирус "уханьским" и "китайским". (当然，华盛顿不可能直接承认自己的错误，仍然会将所有灾难都归罪于中国。美国总统特朗普、国务卿迈克•蓬佩奥和其他政要不顾中国政府的反对，继续故意将新病毒称为"武汉病毒"和"中国病毒"。)

（5）Вопрос в том, услышат ли Китай в США, осмыслят ли адекватно эти, на самом деле, нетривиальные идеи. Оценят ли великодушие Пекина? Или будут продолжать следовать лишь узким национальным интересам, используя порой очень грязные методы? Посмотрим. А пока Китай направил в Италию спецотряд медиков с оборудованием и спецсредствами для помощи в борьбе с COVID-2019. Аналогичные отряды готовятся для помощи и другим странам, если они об этом попросят. (问题在于，美国能否听到中国的声音，这些实际上并不平凡的想法是否会被充分理解。美国会对北京的慷慨表示赞赏吗？还是会继续遵循狭隘的国家利益，甚至有时还会使用非常肮脏的手段？我们将拭目以待。与此同时，中国已向意大利派遣了一支携带医疗装备和救援物资的医疗专家团队，帮助意大利抗击疫情。如果其他国家需要，类似的医疗队随时准备提供援助。)

四、多模态话语分析

随着人类社会活动介入的物质手段日益丰富，传统上主要通过语言表达意义的做法已经逐渐被多种媒介并存的复合话语取代。多媒体化体现社会实践的常态，而多模态化也成为"当今社会文化系统的固有特性"（李战子，陆丹云，2012：1）。众多交际资源参与意义的生成、传递、解释以及再生过程，话语不再以单一的语言媒介参与社会实践，而是集意义建构的多种符号于一身；话语分析的研究范围也随之由原来的单模态的文字扩展到图片、动画、影像和空间布局等多模态范畴。简而言之，多模态话语诞生于当今电子时代、信息时代和多媒体时代的文化语境，是人类感知通道在交际过程中综合使用的结果，其最大特点就是跨学科性。

现代语言学的奠基人索绪尔早在 20 世纪初就指出,语言只是意义的符号系统之一,但是,遗憾的是,索绪尔所暗指的其他表意符号直到 20 世纪末才被纳入语言学家的研究视野。受过电影制作训练的 van Leeuwen 在韩礼德系统功能语言学理论的启发下,与 Kress 一起在《阅读图像:视觉设计的语法》(《Reading Images:The Grammar of Visual Design》)一书中提出一套解读图像意义的理论(Kress & van Leeuwen,1996),开启了对图像中蕴含的意义进行解读的新研究范式,为解读图像(如图表、影像)多种模态中的意义提供了可以信赖的分析方法和工具,奠定了现在被称为"多模态话语分析"的基础。多模态话语分析认为,语言以外的其他符号系统也是意义的源泉,把语言作为社会符号的三大元功能延伸到除语言之外的其他符号(如图像、颜色、图表、声音、动作、姿态、面部表情和身体语言),认定这些符号资源已不再居于次要地位,而是和语言文字一起形成各自独立而又交叉的符号资源,共同参与意义建构(Kress & van Leeuwen,1996)。

从形式上看,多模态研究可大致分为书面多模态、影视多模态、电子多模态。其中,电子多模态主要指基于网络的文本,包括在互联网和手机上兴起的各种新兴社交媒体。与文本多模态和影视多模态相比,电子多模态显得更为复杂。比如,现在网络和手机上的许多电子文本都同时包含了文字、图像和视频。Bateman & Delin(2001)发现,电子媒体和纸质媒体最大的区别在于导航体系。纸质媒体的导航通常是通过首页的要点或要闻来实现,而电子媒体的导航则是通过超链接实现,交互性和可锻性更强。换句话说,电子多模态的复杂性在于语言、图像、视频等资源不仅呈现在静态的页面上,而且通过"各种超链接实现多层次的复杂结合"(冯德正,张德禄,O'Halloran,2013:8)。

(一) 模态组合

在我们所搜集的 VK 网语料中,文本的各模态之间一般都会有层次地进行排列组合。比如,文字和图片的组合,文字、图片和超链接的组合,文字和视频的组合,文字、视频和超链接的组合。

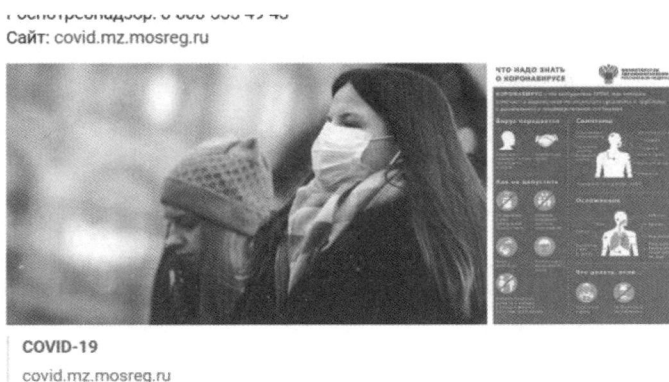

图 3-2　VK 网的网页截图 1

　　图 3-2 是个人账号 "Sukhin Igor" 于 2020 年 3 月 24 日发布的帖文部分截图，内容包括属于主要模态的文字和属于次要模态的图片与超链接。完整文字内容如下：

В течение нескольких недель наша страна сталкивается с распространением коронавируса. Эта эпидемия стала самым серьезным за столетие вызовом в области здравоохранения. Главная опасность нового 2019-nCov — он очень быстро распространяется и поражает органы дыхательной системы. И то по какому сценарию — азиатскому или европейскому — будет развиваться у нас, зависит только он нашей самодисциплины и ответственности каждого. Хочу обратить внимание на то, как справился с вызовом Китай: дисциплинированные китайцы по требованию властей перестали выходить на улицу и тем самым остановили распространение вируса. Как антипример - Италия, где непризнающие никаких ограничений свобод европейцы сейчас переживают настоящее потрясение от количества заболевших, роста смертельных случаев. Основная задача для нас сейчас — с помощью карантинных мер в Богородском городском округе снизить пик эпидемии и растянуть рост числа заболевших по времени.

Телефоны горячей линии по вопросам коронавируса:

Коронавирус：8-800-550-50-30

Роспотребнадзор：8-800-555-49-43

Сайт：covid. mz. mosreg. ru

几个星期以来，我国一直面临着冠状病毒的传播风险。这一流行病已经成为一个世纪以来最严重的公共卫生挑战。新型冠状病毒的主要危险是，它的传播速度非常快，并影响到呼吸系统。我国的疫情形势是否会发展到亚洲或欧洲的严重程度，这取决于我们的自律性和每个人的责任感。大家可以了解一下中国是如何应对这一挑战的：守纪律的中国人在政府的要求下停止外出，从而有效阻止了病毒的传播。而作为反面例子的意大利，这些不想被限制自由的欧洲人，现在正因发病人数和死亡人数的迅速增加而经历着大动荡。我们现在的主要任务是要在博戈罗茨克市辖区采取隔离措施，以遏制疫情扩散蔓延的势头，减缓感染者的增长速度。

冠状病毒热线电话：

冠状病毒：8-800-550-50-30

俄罗斯消费者权益保护与公益监督局：8-800-555-49-43

网址：covid. mz. mosreg. ru

文本内容最后的超链接是莫斯科州卫生部的官网地址，它作为文本的延伸阅读，可以为读者提供更多的相关新闻信息或背景资料。通过超链接形式呈现出来的延伸阅读使文本可以有更多背景资料的支持，因此显得厚实且有深度，给读者以"立体、多维、有厚度、有质感"的感觉，同时由于相关信息的集中展示，可以使读者迅速建立起对事件的感性认识。

对于图像修辞的研究有两种基本的分类：单一图像和两幅及两幅以上的图像。对于单一图像的研究通常从图像内部的构图、明暗、色彩、意象等方面进行分析；而对于两幅或两幅以上的图像，则涉及图像之间的关系。以两幅图像为例，它们之间的关系一般可分为三种：并置、融合和替代（Phillips，2004）。并置关系是指图片与图片之间互为补充；融合是指两个图片互相加强了所要表达的意义；替代则是指图片与图片之间的相互冲突，通常是后一幅图片否定了前一幅图片。受众对两幅放在一起的图像的认知过程一般为：把图片联系在一起，比较它们之间的相似之处,或者对照不同之处,然后根据自己脑海中的图示进行判断,得出自己的结论。从认知角度而言,受众对于并置图像的解读所做的努力最小;对于互相融合的图像要付出更多的努力,而且有时会存在某些不确定因素,最后的解读会因为人们的认知差异而产生多种情况;替代则是后一图像对前一图像的直接意义否定,意义指向比较明确。但是,现实生活中的图像关系和人类的认知过程可能比理论上要更加复杂,往往几种关系并存。

从图 3-2 可以清晰地看到,超链接下方并排放置了两张图片。第一幅图的版面较大,图片内容以人物为主。由于新冠肺炎疫情的肆虐,俄罗斯人不得不戴上了宽大的口罩,把脸部遮挡得严严实实。图中虚化的背景,引人注目的白色口罩,紧锁眉头的俄罗斯女孩,无不衬托出疫情对人们生活的直接影响。第二幅图的版面较小,是由俄罗斯联邦卫生部发布的新冠病毒科普图,里面图文并茂地记录了新冠病毒的传播途径、常见症状、并发症以及注意事项等。两幅图在一起构成了融合关系。

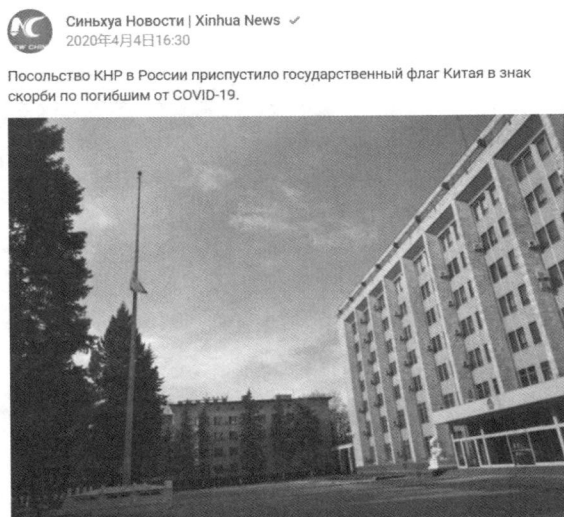

图 3-3　VK 网的网页截图 2

图 3-3 是中国主流外宣账号"Синьхуа Новости"(新华社新闻)于 2020 年 4 月 4 日发布的帖文,内容包括文字和图片。文字部分的译文如下:

中国驻俄罗斯大使馆降半旗,深切悼念抗击新冠肺炎疫情斗争中牺牲的烈士和逝世的同胞。

文字下方放置了一张大幅图片。整幅图片被处理成了黑灰色背景,布满阴霾的天空、庄严肃穆的中国驻俄罗斯大使馆主楼、色彩浓郁的树木,无不渲染着一种肃杀、凝重的气氛。图片中,中国国徽和中国国旗的一抹红色与灰暗的背景颜色形成了鲜明的对比。国徽和国旗是国家主权和尊严的象征和标志,红色是鲜血、革命和希望的颜色。色彩对比越强烈,色彩效果越鲜明,对读者感官的刺激就会越大。灾难是无情的,在抗击新冠肺炎疫情斗争中牺牲的烈士和逝世的同胞是值得我们永远铭记的,但是,正如十九大报告所提出的,中华民族是历经磨难、不屈不挠的伟大民族,中国人民是勤劳勇敢、自强不息的伟大人民,中国共产党是敢于斗争、敢于胜利的伟大政党。阴霾下的那一抹红预示着,中国人民必将用大无畏的奋斗精神与疫情做斗争,并终将取得抗击疫情的伟大胜利!在图3-4中,图片与文字互为补充和强化,使文字内容更加立体化和形象化,增强了文字表达的效果。

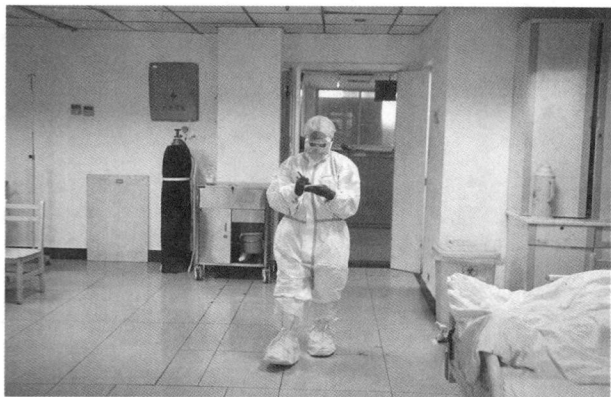

图 3-4　全副武装的医务工作者

(二)图片选择

图片有非常强大的阐释功能和"劝说"功能。对于话语生产者和话语接受者,图片的选择都有非常重要的意义。我们在手动删除重复的图片后,共搜集到图片169张。按照图片内容,这些图片的类型可以大致分为病毒、国旗、地图、医务人员、普通群众、防疫措施、国家政要、货币、地球、中国士兵、中国对外援助行动、动物和专家学者(见表 3-4)。

表 3-4 各种类型图片的数量统计表

图片类型	病毒	国旗	地图	医务人员	普通民众	防疫措施	国家政要
图片数量	18	10	2	35	46	32	10
图片类型	货币	地球	中国士兵		中国对外援助行动	动物	专家学者
图片数量	4	1	2		5	3	1

从表 3-4 的数量分布来看,普通民众(46 张)、医务人员(35 张)和防疫措施(32 张)的图片数量最多,分别位居第一、第二和第三。突如其来的新冠肺炎疫情是一场灾难,首当其冲的就是普通民众。人们的身体健康受到严重威胁,正常的工作和生活节奏被彻底打乱,社交活动受到诸多限制。作为与自己休戚相关的重大事件,俄罗斯网民对中国普通民众在疫情之下的真实生活给予了极大的关注。同时,新冠肺炎疫情作为一次全球性的重大突发公共卫生事件,医务人员在其中扮演了最为重要的角色,政府采取的防疫措施也是人们关注的焦点。因此,在这些图片中,不乏各种各样身穿防护服、头戴医用口罩和防护面罩或护目镜的医务工作者(图 3-4)和各种场景下的防疫措施,例如,保持一米以上的社交距离、开展核酸检测、新冠肺炎疫苗接种、公共场所的消毒消杀等(图 3-5)。

图 3-5 防疫人员正对火车站进行大规模消杀

　　此外,中国国家主席习近平考察新冠肺炎疫情防控工作、中国著名呼吸病学学家钟南山院士对新冠肺炎疫情做出科学评判、中国在新冠肺炎疫情期间积极开展对外援助(图3-6和图3-7)等相关内容的图片也在其中占有很高的比例。与话语修辞一样,图像修辞也被认为是意义操作的过程,关键之处是受众的认知。图片是一种视觉证据,图片的解读涉及意识形态。中国政府在新冠肺炎疫情期间的积极对外援助体现出中国推动构建人类命运共同体的大国担当,凸显中国作为负责任大国的良好国家形象,得到俄罗斯网民的高度认可和正面评价。

图3-6　中国医务人员抵达叙利亚

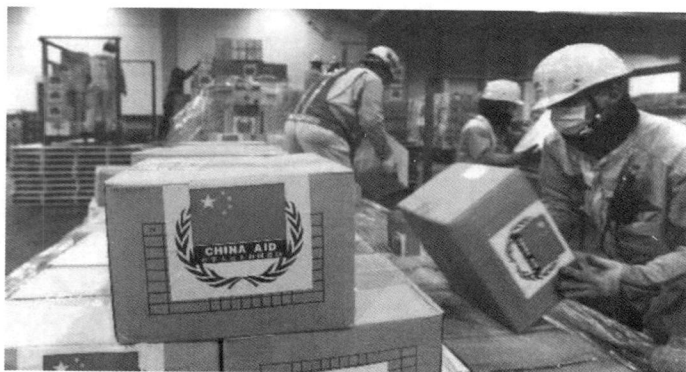

图3-7　中国向欧洲提供人道主义援助

实际上,多模态话语分析的意义在于它可以将语言和其他相关的意义资源进行整合(Gibbon et al.,2000)。对交际过程中所涉及的不同模态进行综合分析,不仅可以看到语言系统在意义交换过程中发挥的作用,还可以看到图像、音乐、颜色等其他符号系统在这个过程中所产生的效果,从而使话语意义的解读更加全面和准确,对人们综合运用多种模态进行社会交际的规律认知也会更加深刻(田海龙,潘艳艳,2019)。

第三节　新冠肺炎疫情时期 VK 网涉华报道的话语实践分析

虽然在声音、语言、图片、影像等集中模态混杂的话语中,起决定性作用的是声音和语言符号,因为其建构的意义具有确定性,但是,非语言模态的作用也不可低估,非语言模态的细节性选择通常会对话语阐释起到重要作用。比如,电子语篇的超链接手段实现了导航和分层链接,使得语篇的交互性和可塑性更强,语篇结构更为多样化,阅读也因此成为自由的旅行。只是,这种貌似更大的选择背后是编辑的选择。编辑会将一些他们想要导向的语篇置于链接之中,"让受众享受貌似自由、实则受到控制的阅读旅程"(王国凤,2019:26)。

在费尔克劳的三维分析框架中,文本是话语实践的产物。在话语实践中,文本生产者的性质和意识形态将塑造文本,并在文本表面留下特定的语言痕迹(Fairclough,2010)。面对社会新闻事件,多数俄罗斯民众都不能亲临现场目睹事件过程,只能转述事件亲历者、目击者或媒体报道的信息。这些信息来源广泛,代表着不同群体的利益。俄罗斯网民通过超链接手段引用不同来源的信息构建话语,并直接或间接地传递自己的观点与态度。通过分析被转述话语的信源,可以揭示话语与意识形态的关系(张健,1993)。

在我们所搜集的 735 篇文本中,共有 242 篇以超链接形式注明了信息源。这些信息源分布非常广泛,涵盖西方国家的新闻门户网站、社交网站、视频网站以及俄罗斯本国的新闻门户网站、搜索引擎等,只有少数文本的引用信息来自中国的主流媒体网站。我们列出排名前五的信息源,如表3-5所示。

表3-5　VK网新冠肺炎疫情报道信息源分布(前五位)

排名	信息源	数量	百分比
1	youtube. com	65	26.9%
2	ria. ru	9	3.7%
3	yandex. ru	8	3.3%
4	russian. news. cn	5	2.1%
5	mail. ru	4	1.7%

　　根据表3-5,我们发现,在引用量上排名第一的信息源youtube. com,其被引用次数超过了总量的四分之一,甚至超过排名第二到第五位信息源被引用总和的两倍,这足以体现出油管平台在俄罗斯的受欢迎程度。油管是美国科技公司谷歌旗下的视频网站,为用户提供上传、分享、展示和浏览视频的服务,是全球第一大在线视频共享平台网站和全球第二大搜索引擎。由于视频网站的开放性,其发布内容并不受传统媒体行业准则的限制,加之西方媒体掌握着全球90%以上的新闻信息传播渠道,而在数量及影响力上占据绝对优势的欧美个人用户又长期受到西方主流媒体与文化语境潜移默化的影响,因此,西方中心主义的话语体系和意识形态在油管平台仍然占据主导地位,并以"更加隐蔽和更具诱导性的方式传播"(张春波,2014:76),这对我国在俄罗斯的国家形象传播与塑造提出了新的挑战。

　　在VK网涉华新冠肺炎疫情报道信息源中,排名第四位的中国主流媒体新华网俄文版网站仅占比2.1%。尽管近年来中国主流媒体为提升国际传播能力,奋发图强,积极打造多语种、多媒体、多渠道、多功能的新闻发布体系,充分发挥对外宣传主力军作用,但是,在俄罗斯社交网站中,中国主流官媒的声音仍然较弱,受关注程度较低,今后还需进一步利用新媒体传播的特点和优势,扩大对俄传播的针对性、实效性和影响力。

第四节　新冠肺炎疫情时期 VK 网涉华报道的社会实践分析

　　与西方国家涉华新冠疫情报道较多从政治视角出发解读,呈现较为明显的意识形态偏见与消极负面报道态度不同,俄罗斯社交媒体的涉华相关报道总体上较为客观,俄罗斯社会对中国抗疫措施及成效的评价也较为积极,将中国描述为"疫情的积极管控者"和"经济复苏火车头"。批评话语分析认为,对任何文本的理解都离不开社会实践。要想分析报道者说什么、怎么说、为什么说,就必须考虑当下的社会背景。我们将从俄罗斯国内经济社会形势与中俄关系发展趋势两个方面对语料进行社会实践分析。

　　俄罗斯媒体中塑造的中国形象,在一定程度上受到中俄关系的影响。进入21 世纪以来,中俄两国不断提升战略合作伙伴关系,使两国关系进入平等、互信、协作的历史最好时期,甚至可以称为"蜜月期"。中俄建立了高水平的政治和战略互信,健全了各层级、各部门、各地方交往和磋商机制,积极对接各自发展战略,奠定了坚实的社会和民意基础。两国高层互访频繁,民间交往络绎不绝,涉华报道量也随之增多,俄罗斯民众能够有机会更加全面地了解中国。中俄在政治、经济、军事、文化等方面密切合作,积极举办"国家年""语言年""旅游年"等活动,为俄罗斯媒体报道中国吹来了强劲东风。此外,中国在俄罗斯建立的 17 所孔子学院也对中国形象建构起到促进的作用,增进了俄罗斯民众对中国文化的认知。2017 年 1 月,全俄民意调查中心的 77% 的受访者认为中国是战略伙伴和友好国家。随着中俄两国各领域交流的不断扩大和深化,俄罗斯媒体的报道让俄罗斯民众的情感天平出现了变化,对中国的认知和认同都在不断加深,并朝着不断改善的方向行进。

　　中俄同为联合国安理会常任理事国、世界主要大国,双方共同倡导建立了上海合作组织、金砖国家合作机制等多边机制并努力推动其发展,有力地维护了地区及世界和平、安全、稳定。中国作为俄罗斯的重要战略伙伴国,合作领域、共识日益增多,在国际社会的影响越来越大,从某种程度上讲,中国可以帮助其制衡美国等西方国家。

欧美联手制裁导致俄罗斯与西方大国关系持续紧张,周边动荡局势威胁俄罗斯传统安全与非传统安全,国内经济结构失衡与社会摩擦加剧等,都给俄罗斯带来了严峻挑战。2019 年底以来暴发的新冠肺炎疫情,使历经西方制裁的俄罗斯经济又遭受新的打击:消费和服务业的总需求遭到破坏;生产经营停滞,总供给失衡;显性和隐性失业率上升;市场预期恶化等(李建民,2020)。在内外交困的形势下,俄罗斯对中国的依赖程度进一步加深,与中国在政治、经济、军事、文化等领域的合作不断加强。2019 年,两国元首将两国关系提升为"新时代中俄全面战略协作伙伴关系"。2021 年,《中俄睦邻友好合作条约》签署 20 周年之际,两国充分发挥双边关系政治优势,继续推进全方位务实合作,再创国家间关系的新高度。中俄高层的频繁交往也推进了两国在民间层面上的互动与理解。据俄罗斯民调机构列瓦达中心 2020 年和 2021 年民调数据显示,在俄罗斯受访者眼中,中国是仅次于白俄罗斯的第二大友好国家[①];75% 的俄罗斯民众选择中国作为最有好感的国家,创相关统计的最高纪录[②]。

在 2022 年 8 月开展的另一项民意调查中,列瓦达中心邀请俄罗斯受访者对美国、欧盟、爱沙尼亚、乌克兰、格鲁吉亚、白俄罗斯、中国和土耳其等八个国家和地区组织进行好感度评价。根据民调结果,俄罗斯民众对中国的好感度已经高达 88%,与白俄罗斯并列第一位;对中国公民的好感度也达到 86%,仅次于对白俄罗斯公民的好感度。而在这八个国家和地区组织中,俄罗斯受访者对美国的好感度仅有 19%,位列最后一位。[③]

由此可见,俄罗斯民众对中国的认可度很高,并对中俄关系的现状和未来发展持乐观积极的态度。新冠肺炎疫情期间,中俄民间相互提供了大量物资援助,还通过音频、视频等多种形式在社交平台上为对方抗疫加油鼓劲,体现出良好的互动关系与舆论态势。

---

① 参见:https://www.levada.ru/2020/09/16/23555/。

② 参见:https://www.levada.ru/indikatory/otnoshenie-k-stranam/。

③ 参见:https://www.levada.ru/2022/09/06/otnoshenie-k-stranam-i-ih-grazhdanam/。

列瓦达中心还对疫情暴发以来俄罗斯民众对中国的态度变化趋势进行了数据整理(见表 3-6)。民调数据显示,在疫情暴发初期,俄罗斯民众对中国的好感度尽管有所波动,但仍然保持着较高的水平。自 2022 年以来,俄罗斯民众对中国的好感度一路攀升,达到历史最高水平。在"全面战略协作伙伴"框架下,以及美国和西方持续制裁的背景下,俄罗斯媒体的涉华报道倾向和民众对中国的好感一段时期内不会出大的转折。

表 3-6　俄罗斯民众对华态度变化一览图 [①]

	2019. 11	2020. 1	2021. 1	2021. 8	2022. 3	2022. 8
有好感	72%	65%	75%	70%	83%	88%
没有好感	17%	24%	14%	18%	8%	5%
很难回答	11%	11%	12%	12%	9%	7%

本章
小结

习近平主席 2020 年 5 月 18 日在第 73 届世界卫生大会视频会议开幕式上指出,新冠肺炎疫情是第二次世界大战结束以来最严重的全球突发公共卫生事件。[②] 新冠肺炎疫情的全球性暴发不仅给全球人民生命安全和身体健康带来巨大威胁,给全球公共卫生安全带来巨大挑战,给世界经济金融、政治体系和全球治理带来深刻影响,也是对全球媒体传播的一次重大考验。

本章在费尔克劳的批评性话语分析三维框架下,采用语料库分析法,以俄罗斯 VK 网在 2020 年 1 月 1 日至 2021 年 2 月 10 日期间的涉华新冠肺炎疫情报道为研究对象,从文本、话语实践和社会实践三个维度对报道数量、术语选

---

① 参见:https://www.levada.ru/indikatory/otnoshenie-k-stranam/。

② 参见:http://www.chinanews.com.cn/gn/2020/05-18/9187976.shtml。

用、高频名词及语义分类、多模态话语、信息源等进行考察,并借此探讨话语与政治、社会和意识形态之间的关系。

讲好中国故事,传播好中国声音,阐释好中国特色,关涉中国大国形象的全面提升。研究发现,俄罗斯 VK 网涉华新冠肺炎疫情报道站在比较客观公正的立场看待病毒起源和中美抗疫摩擦等问题,对中国的抗疫模式、国际援助以及中俄关系给予总体积极正面的评价。这表明,在全球化进程中,俄罗斯并没有受到西方大众传媒话语霸权的太大影响,以 VK 网为代表的俄罗斯新媒体对中国的表述持客观公正的态度,新媒体建构的表述中国形象的俄罗斯模式正在形成。

但是,我们仍要看到,中国主流媒体在俄罗斯社交网站涉华信息源中的比重还很低,影响力仍然较弱,中国在俄罗斯社交媒体中的形象很大程度上仍是"他塑"而非"自塑",这在一定程度上限制了中国国家话语权和文化软实力的提升。

2022 年初,北京冬奥会刚闭幕不久,俄乌冲突骤然升级,西方国家借此进一步加大对俄罗斯的全面制裁,其中包括美国视频网站油管把针对俄罗斯主流媒体的封锁从欧盟范围内扩大到全球,甚至封锁俄罗斯国家杜马 Duma TV 的账号等。受限于制裁令,俄罗斯民众获取网络新闻信息的方式、途径和习惯可能都会发生改变。因此,一方面,中国主流外宣媒体应占据主动,积极发挥新兴媒体作用,主动回应俄罗斯社会关切,在中国抗击疫情故事等议题上加强在俄罗斯社交媒体中的议程设置,开发具有俄罗斯本土特色的概念表述和话语体系,采用符合俄罗斯受众信息采纳习惯的叙事策略,精心构建对俄话语体系,有效影响俄罗斯对华舆论。另一方面,应有意识、有针对性地培养一批具有权威性和知名度的网络舆论意见领袖,借助俄罗斯新媒体场域,在对俄传播中主动引导正面舆论。网络舆论意见领袖作为国际新媒体传播中的重要角色,具有影响他人态度的能力,可以加快大众传播速度并扩大国际影响力。考虑到社交媒体在民间人文交流中发挥的作用日益增强,我国外宣部门可以积极介入,提供翻译、技术、组织方面的服务,推动中国社会各领域典范人物在俄罗斯本地平台上的布局,从事实、形象、情感、道理多个层面向俄罗斯民众展现真实、立体、全面的中国,从而增强对俄传播的亲和力和实效性,提升中国国家形象。

第四章
俄乌冲突视域下 VK 网
涉华舆情的话语分析

　　中国和俄罗斯互为最大邻国,在政治、经济、军事、文化等领域合作密切,两国的民间传统友谊源远流长。2021 年是《中俄睦邻友好合作条约》签署 20 周年,两国充分发挥双边关系政治优势,全方位务实合作取得丰硕成果。2022 年,俄罗斯总统普京出席北京冬奥会开幕式期间,中俄两国元首发表《中华人民共和国和俄罗斯联邦关于新时代国际关系和全球可持续发展的联合声明》,宣布正式启动 2022—2023 年中俄体育交流年,这已是中俄举办的第 8 个国家主题年活动。两国元首的"冬奥之约""新春之会"为中俄关系注入了更多生机活力,中俄关系进入历史最好时期。但是,北京冬奥会刚闭幕不久,俄乌冲突骤然升级,国际局势风云突变。2022 年 2 月 21 日,俄罗斯总统普京签署承认"顿涅茨克人民共和国"和"卢甘斯克人民共和国"的总统令,并与其签署友好合作互助条约。紧接着,2 月 24 日,普京授权在顿巴斯地区展开特别军事行动。

　　俄乌冲突导致一系列政治、经济和社会震荡,引起俄罗斯民众的高度关注。2022 年 10 月,俄罗斯权威民意调查机构列瓦达中心就乌克兰事件的影响发起民意调查。调查结果显示,俄罗斯民众对乌克兰局势的担忧程度虽然在不同时期会有起伏和波动,但是总体担忧程度比较高。表示"非常担忧"的民众比例已经从 2022 年 4 月的 46% 上升到 2022 年 10 月的 58%(见表 4-1)。

表 4-1 俄罗斯民众对俄乌冲突的担忧程度分布比例表 [①]

	非常担忧	比较担忧	不太担忧	完全不担忧	很难回答
2022 年 4 月	46%	36%	9%	7%	2%
2022 年 5 月	40%	40%	13%	7%	0%
2022 年 6 月	43%	37%	11%	8%	1%
2022 年 7 月	44%	37%	12%	7%	0%
2022 年 8 月	37%	37%	13%	11%	2%
2022 年 9 月	56%	32%	7%	4%	1%
2022 年 10 月	58%	30%	6%	5%	1%

　　作为新媒体的代表,社交媒体成为连接彼此、表达诉求、构建人际关系的重要渠道。"无论是社交网站的组建者、管理者还是参与者,都是中国形象最真切的表述者和塑造者,积极参与着中国形象在国外的建构和传播"(梁云等,2017:129)。但是,伴随新冠肺炎疫情在物理空间的蔓延,海量虚假与错误信息、恶作剧、阴谋论与反智主义、后麦卡锡主义以及后真相等社会思潮合流,在全球范围内的网络空间中形成信息疫情(姜飞,彭锦,田园,2022)。其中,社交媒体成为产生和传播虚假信息的主要载体。就在国际局势牵动人心之际,部分境外媒体和账号借助热点事件,在国外社交媒体平台传播、炒作"中国网民不当言论导致乌克兰产生排华浪潮",给中国国家形象和国民形象蒙上阴影。"后真相"时代,大众媒体公信力下降,公众认知不断受到媒体传播信息的冲击,社会群体情绪化,助长谣言滋生。为考察俄乌冲突升级对我国国际舆论形象的影响,本研究以俄罗斯 VK 网为语料来源,以 VK 网在俄乌冲突白热化期间涉及中国的文字、图片内容为研究对象,解读俄罗斯社交媒体中的对华舆情。

　　我们首先在 VK 网上输入检索式("Китай"AND"Украина")("中国"AND"乌克兰")进行检索,时间跨度设置为 2022 年 2 月 21 日至 2 月 28 日。将起始日期确定为 2022 年 2 月 21 日,是因为俄罗斯总统普京正是在该日签署了承认"顿涅茨克人民共和国"和"卢甘斯克人民共和国"的总统令,俄乌冲突骤然升级,国际紧张局势愈演愈烈。接着,我们将从信息源、图像内容、倾向性三个方

---

① 参见:https://www.levada.ru/2022/10/27/konflikt-s-ukrainoj-oktyabr-2022-goda/。

面对所搜索到的语料进行详细分析。

第一节　VK 网涉华报道的信息源分析

　　根据我们搜集的文字语料,在俄乌冲突期间,VK 网涉华报道主要表现为两种形式:一种是转发或分享网站新闻报道、权威专家或其他社交平台用户的文章、图片或链接,另一种是发表原创性文章阐述个人观点。前者在数量上远多于后者。

　　其中,转载的信息源又可以分为两类,一类是俄罗斯主流媒体或门户网站的新闻报道,转发量位居前列的分别是 РИА Новости（俄罗斯国际新闻通讯社）、RT（今日俄罗斯电视台）、Лента. py（俄罗斯"纽带"新闻网）、Газета. ru（俄罗斯报纸网）以及俄罗斯门户网站 yandex. ru 和 rambler. ru;另一类是中国外交部官网新闻、中国驻俄罗斯大使馆和中国外交部时任发言人赵立坚在推特上的发文等。

　　无论是哪一类信息源,VK 网用户都在转载的内容方面表现出极大的统一性,主要围绕以下三方面议题。

　　(1)中国驻俄罗斯大使馆发布的 1945 年至 2001 年期间世界上由美国挑起的武装冲突数量;

　　(2)美国近 70 年轰炸过的国家名单;

　　(3)中国外交部部长王毅阐述中方对当前乌克兰局势的五点立场。

　　VK 网社团账号 Заполярная правда — Мурманск 拥有两万多名粉丝。该账号于 2022 年 2 月 27 日发表的帖文中引用了中国驻俄罗斯大使馆的推文数据。整篇帖文由文字内容和转载的截图内容组成。文字内容如下:

Китай напомнил США кто является угрозой миру.

Посольство КНР в Москве опубликовало в Twitter историческую справку последнего столетия.

Из 248-ми конфликтов в 153-х регионах мира в период с 1945-го по 2001 годы, более двухсот произошли по инициативе Вашингтона.

Китайские дипломаты напомнили, что 81% всех мировых войн после 1945-го года были развязаны именно США.

中国提醒美国,谁才是世界和平的威胁。

中国驻莫斯科大使馆在推特上发布了对上个世纪的历史性回顾。

1945 年至 2001 年期间,在世界 153 个地区发生的 248 场冲突中,有 200 多场的始作俑者都是华盛顿(美国——作者注)。

中国外交官提醒说,1945 年以后,在所有的世界性战争中,有 81% 的战争都是由美国挑起的。

在文字内容下方,该账号附上了中国驻俄罗斯大使馆的完整推文截图(见图 4-1)。截图以次要模态的方式对文字内容进行了有益的补充,使得受众对文字内容和报道对象有了直接的感官认识。推文截图中提道:在 1945 年至 2001 年期间全世界 153 个地区发生的 248 场冲突中,有 201 场都是由美国挑起的,占总数的 81%。作者转发中国驻俄罗斯大使馆的推文截图既是为了证明其数据来源的真实性和可靠性,也间接表明了作者对美国的态度和立场。

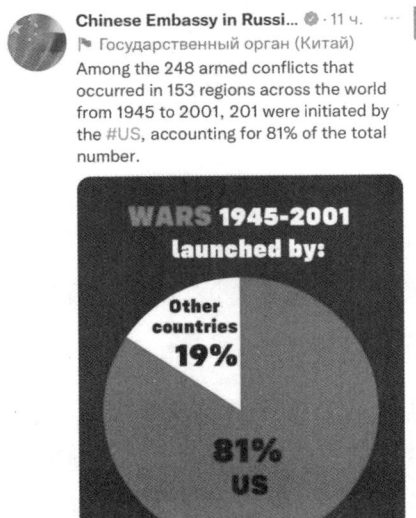

图 4-1　中国驻俄罗斯大使馆发表的推文截图

VK 网自媒体账号 Коротко по делу/Новости 拥有将近 7 000 名粉丝。该账号在 2022 年 2 月 27 日发布的帖文由文字内容和九张图片组成。文字内容如下：

Посольство Китая в России напомнило, кто представляется реальную угрозу для мира. Как отметили в диппредставительстве, начиная с 50-х годов прошлого века США совершили бомбардировки более 30 стран.

В своем Twitter посольство КНР разместило инфографику проведенных Соединенными Штатами бомбардировки по всему миру. В представленном списке оказались Корея, Китай, Сирия, Вьетнам, Лаос, Югославия, Ливия, Ирак и другие государства.

В диппредставительстве сообщили, что в этих странах проживает до трети населения планеты.

В октябре 1945 года впервые в списке стран, куда США планировали осуществить вторжение, появился СССР. Только ядерный щит Советского Союза не позволил реализовать планы агрессии.

中国驻俄罗斯大使馆提醒我们，谁才是世界和平的真正威胁。正如外交使团所指出的，自上个世纪 50 年代以来，美国已经对 30 多个国家实施过轰炸。

中国大使馆在其推特账号上发布了一份美国在世界各地实施过轰炸行动的国家名单。该名单包括朝鲜、中国、叙利亚、越南、老挝、南斯拉夫、利比亚、伊拉克等国。

中国大使馆在推文中进一步指出，这些国家的人口总数占到世界总人口的三分之一。

1945 年 10 月，苏联首次出现在美国计划入侵的国家名单中。正是苏联的核盾牌才没有让美国的侵略计划得以实现。

在文字下方，作者插入了 9 张图片。前 8 张图片是被美国轰炸过的部分国家的风景图，图中出现的都是该国的标志性建筑、地形或国旗等，甚至还有被轰炸的惨烈场景。而最后一张图片则是转载自中国驻俄罗斯大使馆的推文，里面详细列举了美国轰炸过的国家名单。Mitchell（1994）曾在《图像理论：文字再现与视觉再现》（Picture Theory：Essays on Verbal and Visual Representation）中写道，对于图像和对书面语言的文本，人们获得的深层体验是不同的，观看图像能使人们获得无法在文本模型中感受到的视觉经验或视觉素养。作者不仅转载了被轰炸过的国家名单，还发布了其中一些主要国家的标志性图片，这些图片或祥和安宁，或炮火连天，但都无不让读者更加直观和深刻地感受到美国侵略行径的不正当性以及这些国家的人民所可能遭受到的痛苦和灾难。

图 4-2　VK 网文本配图 1

除了转发内容外，也不乏一些原创性文章。在这些原创性内容中，俄罗斯 VK 网用户的涉华议题主要集中在政治和经济两个层面。

（1）政治层面：感谢中国在俄乌冲突中始终站稳中国立场，赞赏中国政府一贯站在事实基础上说话，拒绝称俄罗斯对乌克兰的特别行动为"战争"；

如果我们不将乌克兰的美国纳粹分子清除掉，接下来攻击我们的就会是北约了，冷战冲突又将重新开始。如今，与俄罗斯交好的其他国家（白俄罗斯、叙利亚等）都将有所行动了。

俗话说，患难见真情，感谢你们——格鲁吉亚、中国、印度……当然还有白俄罗斯、哈萨克斯坦、吉尔吉斯斯坦、亚美尼亚……

中国是少数几个没有在俄乌冲突中谴责俄罗斯的国家。

面对西方的新一轮制裁,国家杜马表示,对他们而言,中国的吸引力已经比西方更大了。

(2)经济层面:讨论俄罗斯与 SWIFT "断开连接"以后面临的威胁,分析中国对俄罗斯实施援助的可能途径,如俄罗斯银行接入中国跨境银行间支付系统实现直接结算、使用中国数字人民币。

在美国和欧洲企图对俄罗斯经济进行"彻底毁灭"的时候,中国"盟友"(китайские союзники)为俄罗斯提供了最有利的经济提议:用人民币进行银行结算。那我们是继续用美元还是换成人民币呢?

当整个人类都处在英语世界的强大压力之下时,只有印度、中国和俄罗斯在继续努力捍卫国家主权和人民利益。我们必须要开始创造更加完善和公平的新世界,就从使用中国数字人民币、印度卢比和俄罗斯卢布开始,我们要送给全人类以新的希望!

俄罗斯多家银行都已接入中国跨境银行间支付系统,实现直接结算。

第二节　VK 网涉华报道的图像分析

我们在第一章中已经提到,视觉修辞包括语言视觉修辞、图像视觉修辞和视频视觉修辞等多种类型。其中,图像视觉修辞主要是指以图像为媒介,通过直接的图像建构,以实现视觉修辞效果的传播行为和现象。图像虽然没有与人类自然语言相对应的语音、词汇、语法、语义系统,但是它有与语言类似的、功能相同的构成单位,图像修辞和语言修辞具有某些方面的"同一性"(陈汝东,2011:39)。

对于图像传播,周勇(2014:17)曾这样评价道,"图像直观的官能性在一定程度上使眼睛的观看遮蔽了心灵的体验,观看成了一种直接的视觉刺激与反应"。加之现代社会生活节奏加快,文字的深度阐释模式和理性逻辑结构在一定程度上增加了阅读的时间成本和精力投入,而图像在为受众提供更直观的信息的同时还能够给人带来刺激和快感,因此成为网络时代最有效的信息传播方式。这段话道出了图像传播在当前态势下的流行性和重要性。

一、图像意义

Kress & van Leeuwen(1996)参照系统功能语言学(Halliday,1985)中的三大语言元功能,提出图像的分析框架,认为图像可以体现三种意义:再现意义、互动意义和构图意义。

图像的再现意义表征图像中的各种成分,如人物、地点和事件之间的交际关系或概念关系,而图像的互动关系体现的是图像的观看者与图像中的成分之间的特定关系。Kress & van Leeuwen(1996)认为,互动意义主要通过接触、距离和视角三个方面来构建观看者和再现内容之间的复杂关系,同时反映出观看者对所再现的景物所持的态度。就"接触"层面而言,当图像中的人物直视观看者时,图像人物即与观看者有了接触,尽管这种接触只是想象层面上的接触。这类图像称作"索取"类图像,即图像人物在向观看者索取什么,比如说,希望建立一种更加亲密的社会关系。反之,如果没有这种接触,图像人物只是客观地提供一些信息给观看者,这类图像就被称为"提供"类图像。"距离"层面是指通过图像人物的框架大小来构建其与观看者之间的关系。例如,如果图像中只能看得见人物的脸和头,这种近距离可以构建出较为亲密的关系。反之,如果图像中的人物呈现出头和肩,甚至腰部以上,则要构建的是一种不太亲密的关系。如果要构建一种社会关系,就需要在图像中显示出整个人,甚至周围要有空间环绕,或者显现出四到五人的躯干。就"视角"层面而言,图像拍摄者也可以通过不同的视角影响观看者对图像人物的态度。例如,正面的水平角度表明观看者属于图像世界的一部分,表示读者与图像的最大互动;倾斜的水平角度暗示观看者不属于图像世界,表示最小互动;背面取景则暗示更加复杂、微妙的意义。垂直角度上的仰视、平视和俯视都能分别体现出图像人物与观看者之间不同的权势关系,高角表示读者地位高于图像,低角则相反。van Leeuwen (2008)也对读者与图像的关系进行过分类,将它们分成权力、参与、互动和社会距离四种类型,同样分别由拍摄角度、眼神接触与拍摄距离构建。

图像的构图意义可以从信息值、显著性和框架三个方面进行分析。在视觉空间中,各种空间要素通过这三个方面合理分配交际意义,构建连贯的多模态语篇。其中,信息值通过图像中人或事物放置的位置实现。图像中的任何成分在图像中的位置,无论是上还是下,是左还是右,是中心还是边缘等,都具有不同的信息值。具体而言,它包括已知信息和新信息、理想信息和现实信息、重要信息和非重要信息。版面布局用于构建信息值,即语篇意义。通常而言,左侧为已知信息,右侧为新信息;上方为整体、理想信息,具有理想化或概括性的实质,而下方为具体、实际信息,带有特定的信息,如某些细节;中心与前景为最重要信息,处于中心位置的是重量的平衡点,视觉成分在此获得权势,从而帮助中心区以外的物体团结在一起并稳定下来(Royce,2007),其余位置的则被看作次要信息。显著度通过图像中线条的粗浅、颜色的浓淡等实现。线条粗的、颜色浓的,显著度高;反之则显著度低。也就是说,图像成分被放置在前景或背景、相对尺寸、色调值的对比、鲜明度的不同等,都会体现不同的显著度以及吸引观看者注意力的不同程度。最后,图像中有无空间分割线条可以体现出图像的框架意义,这些线条用于表示图像中各个成分之间在空间上是被分离还是被连接的关系等。

总之,一方面,视觉空间要素通过上下左右等空间位置构建信息值,使视觉语篇成为各有分工、和谐连贯的整体;另一方面,通过拍摄角度与距离构建读者-图像人际关系,可以调整二者的象征性权力关系、互动关系与亲密程度。因此,空间要素的选择从来不是任意的,而是"包含创作者态度与判断的语篇策略"(冯德正,刑春燕,2011:59)。空间要素的变化会引起语篇整体布局的改变,从而影响构图意义及整个语篇意义的实现。

社交媒体因不受版面篇幅的限制,网民更热衷于使用图片来增加阅读的直观性和趣味性。我们将搜集到的文本配图分成三种类别:建筑类、事物类和事件类。例如,建筑类图片主要包括北京天安门、中国人民银行、中国驻乌克兰大使馆等；事物类图片通常以两种事物的鲜明对照为构图主线，例如，中国国旗与俄罗斯国旗、中国国旗与美国国旗、中国国徽与美国国旗等；事件类图片包括中俄两国元首在不同时期和场合的友好握手、中国常驻联合国代表张军在联合国安理会表决乌克兰问题后作解释性发言等。

　　图 4-3 是中国外交部时任发言人赵立坚在主持外交部例行会议的现场图片。在图片中，赵立坚被放置在突出的前景区域，色调鲜明，显著度高。作为图片背景的"中华人民共和国外交部"背景板、讲台、话筒、中华人民共和国国徽都提供了明确的场景信息：这是在外交部例行会议的现场。图像中的人物居于正面的水平角度，眼睛平视观看者，表征图像人物希望与观看者建立更加直接、亲密的互动关系。与此同时，图像人物嘴巴微张作说话状，脸部和身体微微侧向右边，右手张开往前伸，眼神和面部表情透露着质疑与否定，表现出图像人物鲜明强硬的态度。图像的构图意义与帖子的文字内容形成呼应，中国外交部发言人明确表达立场和观点：美国在乌克兰局势发展问题上负有不可推卸的责任。

图 4-3　VK 网文本配图 2

　　值得关注的是，尽管俄乌冲突更多呈现的是俄罗斯与乌克兰、北约乃至整个西方世界的矛盾与冲突，但是，美国国旗却多次与中国的国旗、国徽同时出现在一张图片中，形成鲜明对照。这从一定程度上折射出俄罗斯民众对待俄乌冲突的一种较为普遍的心理：在这场危机中，中国无论是作为俄罗斯的战略合作伙伴,还是作为共同、综合、合作、可持续安全观的倡导者,都不可避免地会与美国产生摩擦与明暗较量。

在美国国旗与中国国徽的交际关系中,美国国旗通常都被放置在前景,相对尺寸更大,色调值和鲜明度都更高,从而以其高显著度吸引着观看者的注意力,而中国国徽则通常居于背景位置,相对尺寸偏小,色调较深,清晰度较低,从而在信息值和显著度等方面都明显弱于美国国旗。表面上我们看到的是美国国旗与中国国徽之间的鲜明对照,实则喻指美国与中国两个国家之间的较量。美国国旗的高显著度与中国国徽的低显著度向读者传递出这样的信息:在中美冲突和争端中,美国在主动扮演挑衅者和煽动者的角色,故意挑起事端、破坏世界和平稳定的局面,而中国始终崇尚和平、和睦、和谐理念,一切违背和平发展合作时代潮流的国际争端都非中国所愿。

在我们搜集到的文本配图中,图片重复使用的情况非常普遍。一般来说,被重复使用的图片通常都是意义指向非常明确的,而且是有利于话语生产者的意义表达的。多次被使用的图片会产生一种“经典化”的倾向,其不断被重复、在重复过程中被加强的意义可能会造成“刻板印象”,最终形成“意义的固化”(王国凤,2019:83)。

正如 Kress & van Leeuwen(2006)所指出的,“视觉结构”并不只是对“现实”结构进行复制。正好相反,它们生成的现实世界中的各种图像,与那些生成、传播和阅读这些图像的社会机构的利益是紧密联系的。它们可以表达一定的意识形态。因此,视觉结构并不只是形式上的,它们在语义上同样非常重要。也就是说,图像和语言一样,对社会现实和心理现实既有复制作用,也有重新建构的作用。

二、图像隐喻

Forceville(1996)根据源域和目标域的呈现方式,把图像隐喻划分为三类:第一类是单域图像呈现式,也就是说,只有一个域(通常是目标域)以图像形式呈现,另一个域没有以图像形式表示出来,但是可以通过图画语境准确无误地推断出来;第二类是双域图像呈现式,也就是说,源域和目标域都同时以图像的形式显性地呈现出来,两者或相对独立或整合为一个视觉格式塔;第三类是文字–图像互补式,即一个域以图像形式呈现,而另一个域则以文字的形式传达,两者缺一不可,否则就无法解释为隐喻。如果删除其中所有的文字材料,隐喻现象随之消失。从文字和图像之间的关系来看,在单域图像呈现式和双域图像呈现式两种多模态隐喻中,图像和文字主要体现为相互印证和加强的关系,而在文字–图像互补式中,图像和文字都是缺一不可的。

政治漫画基本上都属于第三种多模态隐喻——文字–图像互补式。政治漫画以图像为主,文字为辅。尽管其中的文字简明扼要或者只有只言片语,但如果没有文字的辅助作用,读者一般很难解读出漫画里的隐喻从而获悉漫画作者的交际目的。例如,在图 4-4 中,源域以图像(火)的形式呈现,目标域则以文字"UKRAINE"的形式呈现。如果火上面没有注明"UKRAINE",读者就不会认为它指代乌克兰局势。除文字–图像互补式隐喻外,该图中还同时出现了单域图像呈现式。图中人物的帽子和裤子都是美国国旗的图案,因此,该图像人物正是美国人的代表。除此以外,图 4-4 中,还有一个隐喻是属于现象隐喻,即用某一具体场景呈现某一现象。"火上添油"象征美国是导致乌克兰局势紧张和恶化的始作俑者。

图 4-4　VK 网的网页截图 1

Yus（2010）的研究指出，图像隐喻和语言隐喻都是属于同一种认知现象，都是通过大脑的某个区域进行解码，然后传递源域和目标域的图示信息，并经过大量的推理才能解读出隐喻作者的交际意图。但是，它们之间又存在一定的区别，主要区别就在于隐喻推理过程中，图像隐喻和语言隐喻的解码方式不同。人们对图像的处理通常都是整体性的，即在处理过程中，画面意义、隐含意义、语境意义的调整都是同时进行的。而文字的处理则是线性的，需要从字到词再到句子进行一步步的整合，同时还需要考虑字面意义和隐喻意义的差异。从这一点来看，图像比文字更具影响力和说服力，更容易被接受。

第三节　VK网涉华报道的倾向性分析

内容倾向性通常有正面、中性和负面之分。正面倾向指的是对中国持积极、正面的态度，在遣词造句和内容描述上，具有乐观向上的一面，使受众对中国产生一定程度的好感，或者与中国的新闻报道态度一致；负面倾向指的是言不符实，字里行间带有明显的偏见，言辞不够客观公正，直接或间接地使受众对中国的认知产生误解，与中国新闻报道的态度相悖；中性倾向指的是采用直接引用的观点或间接引用的观点来平衡矛盾框架，观点呈现多元化，或者倾向性不是很明显（梁云等，2017）。

在俄乌冲突期间，VK网涉华文章的正面倾向性远远高于其他两类倾向性。在我们搜集到的语料中，"中国盟友""中国和我们在一起""我们很需要中国支持"等都是出现频率较高的搭配词。

究其原因，一方面，俄罗斯长期受到西方国家的制裁与打压，无论是俄罗斯政府还是民众都对日益强盛的中国寄予了更多的期望。2022年2月28日，俄罗斯外交部发言人玛丽亚·扎哈罗娃在俄罗斯电视一台的节目中被问及"俄罗斯在世界上是否还有朋友"时，她的回答是，"当然有。看看世界大国的反应，那些从不自诩为巨人却是真正巨人的国家，包括中国"，毫无保留地表达了对中国的青睐与信任。面对西方的新一轮制裁,俄罗斯国家杜马公开表示,对俄罗斯而言,中国的吸引力已经超过西方。

图 4-5　俄罗斯外交部发言人扎哈罗娃在俄罗斯电视一台节目现场

另一方面,中俄两国之间日益密切的政治交往、经济合作以及全面战略协作伙伴关系的建立,都积极地影响着俄罗斯政府及民众对中国的态度。近年来,在习近平主席和普京总统的共同引领下,中俄双方的战略互信日益提升,各领域合作都取得了前所未有的大发展。2022 年 12 月 30 日,俄罗斯联邦海关署第一副署长鲁斯兰•达维多夫在接受卫星通讯社采访时表示,2022 年俄罗斯与中国的贸易额将达到创纪录水平,增长幅度将达到 30%。2023 年 1 月 3 日,中国外交部发言人毛宁在例行记者会上表示,新的一年里,中俄双方将加强各层级交往,推动两国关系不断向前发展,构建相互尊重、合作共赢的新型大国关系,这些都对俄罗斯社交网站对华报道的正面倾向性产生了重要而深刻的影响。

本章小结

新媒体语境打破了国家对内与对外传播的区隔,使新闻文本、影音文件、核心数据等超越空间限制与民族国家疆域,在极短时间内实现跨国界的交流(路璐,2016)。北京冬奥会刚闭幕不久,俄乌冲突骤然升级,国际局势风云突变。在俄乌局势牵动人心之际,个别用户在国内主流社交媒体平台编造虚假信息以及发布恶俗调侃内容,被境外反华媒体和用户在国外互联网大肆传播,炒作"中国网民不当言论导致乌克兰产生排华浪潮",企图抹黑中国形象,给中国的国际形象造成极大的负面影响。公众态度和情绪容易受外部媒介信息影响而发生变化,尤其在互联网媒体"匿名化"和群体性的传播环境下,公众情绪呈现出无序和非理性的特征,对社会情绪稳定、民众态度取向产生影响(周华清,李小霞,2022:494)。

为考察俄乌冲突升级对我国国际舆论形象的影响,我们以俄罗斯 VK 网在俄乌冲突白热化期间涉华文字、图片内容为研究对象,解读俄罗斯社交媒体对华舆情,考察涉华报道的倾向性。我们认为,国内网络空间中一些不负责任的言论因为新媒体的推波助澜,可能会最终引发全球性的形象危机。如今,中俄关系正处于历史最好时期,保持并维护中国对俄良好形象至关重要。

新媒体时代,信息在网络空间畅通无阻、自由流动,对虚拟话语的管理同样考验着中国的对外形象管理能力。大众传播媒介对社会议题设置和公众舆论导向具有重要影响,发挥大众传播媒介的正向引导作用能有效防止失实或偏向性信息传播导致的舆论乱象。一方面,网络语言使用不当会引发一系列语言文化安全问题,国家有关部门需进一步提高重视程度,加大网络传播语言监管力度,采用教育、管理、立法等多种手段加以治理,净化网络空间,为网络语言的内外传播提供制度保障。另一方面,网民自身也应加强对网络语言的了解和研究,提高对网络语言的甄别能力,能够更快、更准确地识别网络空间语言作为"隐藏文本"的背后意图,同时提升大众网络文化素质,自觉净化网络语言环境,维护国家的良好形象。

第五章
VK网中国主流媒体"自塑"中国形象的话语分析

在第二章中,我们已经提到,国家形象是动态的,是"他塑"和"自塑"双重因素共同作用形成的。所谓"自塑",就是本国媒体塑造本国形象,是一种带有自我感情和围绕自我意志的建构方法。邢丽菊、鄢传若斓(2022)以塑造目的、塑造主体和关键参与者作为标准,进一步将国家形象的塑造分为"自塑""他塑""合塑"三种模式,并指出,"自塑"是国家形象塑造的发动机。作为最主要的塑造模式,本国政府和关键参与者是塑造国家形象的动力源,国家建构的理念和传递的讯息在塑造中占据主导地位,并为"他塑"和"合塑"提供内容,产生影响。

随着移动互联网时代新媒体平台的发展,网络社交媒体的出现推动了国际传播格局的变革,也为中国文化对外传播提供了新渠道和新契机。近年来,中国在发展壮大的同时,开始充分利用网络媒体,积极主动地向世界传播中国形象,讲述中国故事,扩大国际影响力。对于中国而言,"自塑"模式结合了中华优秀传统文化,在国际活动中建构并展示富有中国特色的国家形象理念,形成了立体融合的国际传播格局。其中,中国主流媒体作为传播中国故事、塑造国家形象的重要力量,承载着国家对其传播中国文化,形成国际影响力、竞争力的期望,在中国形象的海外社交媒体传播过程中发挥着不可替代的作用。

社交媒体的巨大流量红利使中国主流媒体越来越重视这块平台,开始积极制订海外运营战略和"吸粉"计划。自 2009 年以来,中央实施了以"加强媒体国际传播能力"为目标的"媒体走出去"战略,对六大央媒投入了大量的人力、物力和财力,对已有的媒体资源进行优化整合,对内容进行全方位更新,大力推进全球布点和海外业务的开展。中央电视台、中国国际广播电台和《环球时报》三家媒体率先在推特社交媒体平台开设账号,随后中国网(2010)、《人民日报》(2011)、中国新闻网(2011)、《光明日报》(2012)和中国环球电视网(2013)也纷纷开设官方账号,初步形成以旗舰媒体和六大央媒为先导的"1+6+N"国际传播立体格局(史安斌,2018)。2011 年,国家互联网信息办公室挂牌成立,并挂靠在国务院新闻办公室,互联网和社交媒体随之成为外宣工作新的增长点。

目前,中国驻俄媒体共有 12 家,分别是人民日报社、新华社、中国中央广播电视总台、中国新闻社、中国日报社、光明日报社、经济日报社、文汇报社、法制日报社、科技日报社、中国青年报社、人民画报社(《中国》杂志)①。在互联网时代背景下,中国媒体在俄罗斯的传播形式呈现多样化特征。例如,《人民日报》主要以人民网俄罗斯频道、《人民日报》VK 账号(Жэньминь жибао онлайн ｜ Новости Китая)、《人民日报》脸书账号(Газета "Жэньминь жибао" онлайн)和《人民日报》推特账号(renminwang@yandex.ru)为平台开展新闻传播实践。

根据中共中央网络安全和信息化领导小组办公室(网信办)发布的"中央重点新闻网站"名单,我们对在 VK 网社交媒体平台开设了官方俄文认证账号并以俄文为帖文发布语言的六家中央级媒体——人民网(VK 网账号:Жэньминь жибао онлайн ｜ Новости Китая)、新华网(VK 网账号:Синьхуа Новости ｜ Xinhua News)、中央广播电视总台下属的中国国际电视台(VK 网账号:CGTN на русском)、中国网(VK 网账号:China. org. cn(Russian))、中国新闻网(VK 网账号:China NEWS)和央视网(VK 网账号:CCTV)进行考察发现,这些中央级媒体在 VK 网呈现出两极分化的局面。其中,人民网、新华网、中央广播电视总台的 VK 网官方账号拥有较高的粉丝量和浏览量:人民网官方账号

---

① 参见:http://ru. china-embassy. org/rus/fwzn/xwfw/zgzmmtxx/。

拥有48万粉丝,新华网官方账号拥有112万粉丝,中央广播电视总台官方账号拥有55万粉丝。中央广播电视总台官方账号于2022年12月31日置顶的帖文《中国国家主席习近平发表2023年新年贺词》(文字 + 视频)在短短两天的时间内就获得了近千个点赞和150万次的视频浏览量。而央视网、中国网和中国新闻网的粉丝量较少,分别只有3万多、1万多和200多粉丝;发帖量也不多,中国新闻网在2022年12月仅发表了3篇帖文,央视网帖文的最后更新时间已经是2022年2月25日。除上述中央级媒体外,中国驻俄罗斯大使馆(VK账号:Посольство КНР в РФ)等在俄外交代表机构的官方账号粉丝量也不多,仅有1万余粉丝。

2016年,在中国国家主席习近平和俄罗斯总统普京的共同见证下,中国国际广播电台与俄罗斯权威外宣媒体"今日俄罗斯"国际新闻通讯社签署了《中国国际广播电台与"今日俄罗斯"国际新闻通讯社共建移动融媒体平台的合作协议》[1]。根据协议,中俄双方将共同打造中俄双语移动融媒体平台。2017年,作为两国权威媒体联手打造的开放式融媒体平台的核心产品"中俄头条"客户端应运而生。该平台以APP为主要呈现形式,整合移动应用端APP、网络平台WAP端、PC端、微信和俄罗斯社交媒体VK网等社交平台资源,实现"大众采集、多种生成、多元传播"的融媒体传播模式。其中,俄罗斯社交平台VK网是"中俄头条"(VK网账号:Россия-Китай: главное)的重要传播平台,短短几年时间就已拥有65万粉丝,并且还在呈现快速增长的趋势。在本章中,我们将以VK网上这一新兴的中国形象对外传播平台作为研究对象,选取2022年11月1日至2022年11月30日这一时间段,从发帖量、发帖频率、网络议程设置、多模态话语等角度考察"中俄头条"的报道特点,并指出平台外宣过程中存在的主要问题。

---

[1] 中俄两国元首见证国际台与"今日俄罗斯"签署新媒体领域全面合作协议 [EB/OL].(2016-06-25) [2022-05-10]. https://news. cri. cn/2016-06-25/eb9a7cb2-814d-bf64-b88a-3bf3672f40b0. html.

第一节　报道数量和频率分析

"中俄头条"VK网账号 Россия-Китай：главное 的官方主页拥有非常丰富的内容板块与多模态资源和信息,其中包括文章、播客、链接、相册、音乐、讨论和活动等板块。截至2023年1月3日,VK网"中俄头条"账号通过在帖文中添加超链接的形式共发表1 217篇拓展阅读文章和5 345个视频,创建170个相册,发布736个播客和2 212首中俄文音乐。此外,"中俄头条"账号共在VK网主页的讨论板发起7个讨论话题,具体讨论话题见表5-1。

表5-1　"中俄头条"讨论话题一览表

序号	讨论话题	参与讨论人数
1	您的梦想实现了吗？	96
2	情人节应该送什么给自己的爱人？	20
3	您对中国生产水平的印象是怎样的？您认为中国的发展是如何影响到您的国家甚至全世界的？	42
4	关于中国的新年您了解多少？您如何看待中国新年？	41
5	您对中国在国际事务中的作用有哪些期待？	71
6	您是否有亲人或者朋友的父辈、祖父辈、曾祖父辈到过中国并参与过抗日战争？	41
7	您对羊年了解多少？	25

值得一提的是,在信息传播视觉化的同时,在线音频市场快速发展。其中,播客是在线音频市场非常典型的代表。随着智能语音设备和各类声控智媒技术应用的带动,音频再次成为传媒界的热门话题,播客也因此迎来了新的生态图景。路透社发起的一项调查显示,78％的受访者都认为语音激活技术将改

变未来几年新闻消费者发现内容的方式。^①在新冠肺炎疫情初期,有观点担心通勤频率的降低会导致新闻音频的收听量大幅下降。但是,市场研究公司GlobalWebIndex研究发现,通勤频率降低带来的负面影响被播客的扩展抵消了,2020年全球播客用户不仅增长了13%~16%,并且播客的广告收入还出现了明显的正增长。^②"中俄头条"同样将播客作为平台的重要内容生产和传播方式,账号创建至今已经发布736条播客内容。

信息入口的移动化也让全球用户对国内外新闻事件的敏感度更高、求知欲更强。用户希望获取信息的路径最短、时间最少、效率最高。换句话说,用户希望一块屏幕就能提供给自己想要的全部相关内容。因此,超链接就成为社交网站上进一步获取相关详细信息的重要入口。用户想要了解长尾信息时,只要点开链接即可,省时省力。"中俄头条"有效利用了超链接的便捷性,已经通过在帖文中添加超链接的形式发表了上千篇拓展阅读文章。

在2022年11月1日至2022年11月30日期间,"中俄头条"账号共发表427篇帖文,日均发帖量达到14篇,表现出非常高的活跃度和账号曝光率。在这427篇帖文中,有417篇都是原创帖文,占发帖总量的近98%;仅有10篇帖文转自其他VK账号,其中3篇转自俄罗斯个人账号,7篇转自VK账号"Панда Студия Китай"。赵子忠、李琳琳(2022:103)指出,"社交媒体平台拥有海量的信息,如果不能保证持续更新,用户的注意力就会被其他内容吸引,转而关注其他账号"。原创在所有社交媒体中都有高权重,传播影响力很难靠转载和搬运内容来打造,第一时间传播原创内容才能更好地满足消费者对信息时效的需求。"中俄头条"具体每日发帖数量及其变化趋势见表5-2和图5-1。

表5-2　"中俄头条"每日发帖数量统计表(2022.11.1—2022.11.30)

日期	发帖量	日期	发帖量	日期	发帖量
2022.11.1	17	2022.11.11	14	2022.11.21	14
2022.11.2	14	2022.11.12	13	2022.11.22	13

---

① 参见:https://36kr.com/p/5179919。

② 参见:https://www.amz520.com/articles/29801.html。

续表

日期	发帖量	日期	发帖量	日期	发帖量
2022.11.3	18	2022.11.13	7	2022.11.23	12
2022.11.4	20	2022.11.14	18	2022.11.24	12
2022.11.5	20	2022.11.15	22	2022.11.25	12
2022.11.6	11	2022.11.16	16	2022.11.26	10
2022.11.7	10	2022.11.17	17	2022.11.27	11
2022.11.8	13	2022.11.18	15	2022.11.28	12
2022.11.9	15	2022.11.19	16	2022.11.29	17
2022.11.10	13	2022.11.20	10	2022.11.30	15

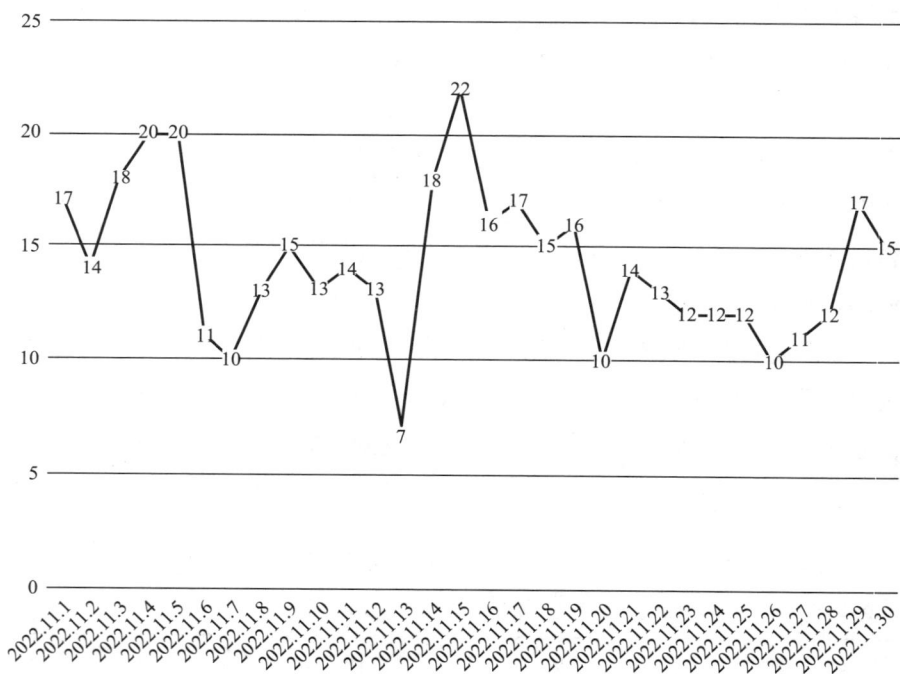

图5-1 "中俄头条"发帖频率走势图(2022.11.1—2022.11.30)

根据表5-2和图5-1,我们可以看出,总体而言,"中俄头条"2022年11月的发帖量一直保持在每日10～20篇的区间内。其中,2022年11月15日达到当月发帖量的峰值,共发布22篇帖文。当日,二十国集团领导人第十七次峰会(简称:G20峰会)在印度尼西亚巴厘岛举行,中国国家主席习近平应邀出席此次峰会。G20是最具全球代表性的国际组织,G20峰会引起各国媒体的高度关注。"中俄头条"在G20峰会开幕当日接连发表11篇帖文,通过文字 + 图片或文字 + 视频等形式,实时跟进和报道与G20峰会相关的重要新闻资讯(见表5-3)。

表5-3　"中俄头条"2022年11月15日发表G20峰会相关贴文一览表

序号	帖文主题	发表形式
1	中国国家主席习近平在巴厘岛会见美国总统拜登	文字 + 视频
2	中国国家主席习近平会见美国总统拜登	文字 + 图片 + 超链接
3	中国国家主席习近平会见法国总统	文字 + 图片
4	中国国家主席习近平在G20峰会上指出,国际货币基金组织应加快向低收入国家授予特别提款权	文字 + 图片
5	中国国家主席习近平在20国集团峰会上发表讲话指出,世界必须坚决抵制将粮食和能源问题政治化或将其作为工具和武器的企图	文字 + 图片
6	中国国家主席习近平和美国总统拜登会晤	文字 + 视频
7	第17届G20峰会在印度尼西亚巴厘岛举行,中国国家主席习近平出席会议并发表重要讲话	文字 + 图片
8	中国国务委员兼外交部部长王毅在20国集团峰会期间会见俄罗斯外交部长谢尔盖·拉夫罗夫	文字 + 图片
9	中国国家主席习近平在巴厘岛会见南非总统	文字 + 图片
10	习近平主席夫人彭丽媛出席G20第一夫人会议	文字 + 图片
11	中国国家主席习近平在二十国集团峰会期间会见韩国总统尹锡烈	文字 + 图片

相对于其他主流媒体对俄外宣账号,"中俄头条"的发帖量与活跃度一直保持在较高的水平。互联网信息化时代,在信息传播速度加快的同时,信息的流失速度也同样在加快。有数据显示,1条推文的平均寿命仅有18分钟。因此,

在社交平台上保持每日的高发帖率和高活跃度,可以有效避免账号发帖被其他五花八门的帖文推送快速淹没的风险,从而提高账号在社交平台上的辨识度与新鲜度,加深读者对账号及其发布信息的印象。

第二节　网络议程设置分析

美国学者 Walter Lippmann 在《公众舆论》(1922)一书中最早提及议程设置。美国学者 Bernard Cohen (1963)在此基础上继续阐述了议程设置理论。接着,Maxwell McCombs 和 Donald Shaw 于 1972 年在《大众传播媒介的议题设置功能》一文中正式使用了"议程设置"这一概念,提出议程设置理论。该理论认为,大众传播往往不能决定人们对某一事件或意见的具体看法,但可以通过提供信息和安排相关的议题来有效地左右人们关注哪些事实和意见以及他们谈论的先后顺序。具体而言,议程设置通过媒介对议题的选择和报道的数量,以告诉人们"想什么"的方式把公众的关心和注意力引导到特定的问题上(郭庆光,2011:195),这是议程设置的第一个层次。属性议程设置是议程设置的第二个层次,即"媒介不仅能成功地告诉人们去想什么,而且能成功地告诉人们如何去想"(麦库姆斯,2007:55)。大众媒体在传播中将事物的某些属性进行强调和淡化,影响受众对事物的认知与态度。媒介议程设置不仅能影响人们对事物的认知,同时也能通过对事物属性的表露影响人们对事物的态度,最终可能影响人们的行动方式。因此,话语议程设置是一个话语议题形成、塑造、接受、传播与产生效果的关键环节。

随着媒介技术的发展,议程设置在新媒体传播场域中呈现出了新的形态。Guo & McCombs (2011)在传统议程设置理论的基础上,提出了网络议程设置(Network Agenda Setting)理论模型。网络议程设置理论认为,新闻媒体对客体和/或属性之间相互关系的显著性能够影响公众对客体和/或属性之间相互关系的显著性。也就是说,媒体能够影响公众如何建立起不同信息之间的联系。

我们通过对"中俄头条"2022 年 11 月 1 日至 11 月 30 日发布帖文的文本内容进行分析,提取出若干较为具体的关键词,并将具有相关性的关键词归并到同一议题中,最终归纳出 14 个主要议题类别。它们分别为政治新闻、经贸新闻、科技新闻、生态新闻、自然风光、人文景观、自然现象、动物、植物、文学艺术、节日文化、传统文化、奇人异事和价值观念等。具体议程编码表如表 5-4 所示。

表 5-4 "中俄头条"议程编码表(2022.11.1—2022.11.30)

序号	类型	议题	关键词(部分)
1	新闻报道	政治	领导人会谈、G20 峰会、国事访问、中国共产党第二十次全国代表大会、上合组织成员国政府首脑(总理)理事会会议
		经贸	中俄能源商务论坛、金融街论坛年会、亚太经合组织论坛峰会、中俄贸易额、第五届中国国际进口博览会、经济报告、虹桥国际经济论坛、中俄投资项目、国家进口贸易促进创新示范区
		科技	C919 客机、神舟十五号载人飞船、登陆月球、太阳探测卫星、航天博物馆、天舟四号货运飞船、中国国际航空航天博览会、世界杰出科学家论坛、《新时代的中国北斗》白皮书、空间站梦天实验舱
		生态	甲烷排放控制工作、国际《湿地公约》第十四届缔约方大会、湿地保护、沙漠防治
2	风景名胜	自然风光	金佛山、青城山、瘦西湖、九寨沟、西陵峡、郑州林区、千岛湖、婺源、雪玛格勒冰川、阿拉善沙漠、千年古老盐湖群、北湖、天蝎山、贺兰山、苏州河、巫峡
		人文景观	公园、城市街景、北京立水西桥、黟县宏村、湖北黄河桥、山东盐田、北京故宫博物院
		自然现象	多色云、云团、霜冻、云海、冰晕、冰纹、日出、轻雾、月全食、满月、丹霞地貌

序号	类型	议题	关键词（部分）
3	自然生物	动物	猎肠鸟、野生猕猴、黑天鹅、雪豹、科萨克狐狸、灰鹤、蓝羊、沙头鸭、双峰骆驼
		植物	红枫、银杏叶、梧桐、附子花、琥珀树、野生沙棘、芦苇、菊花、白杨树、水獭花
4	文化活动	文学艺术	绘画、戏剧、动漫、音乐、展览
		节日文化	牯藏节、小雪日、空军节、光棍节、记者节、立冬日、苗族新年
		传统文化	太极拳、川剧变脸、民族服饰、鱼形纸灯笼
5	社会民生	奇人异事	旧轮胎改造滑板车、腹腔镜钳子折纸鹤、徒手攀爬六米竹竿、室内制作月亮浮雕、卖水老太自学十门外语
		价值观念	孝、俭、礼、勤、恭、谦等价值观

Buhmann（2016）曾指出，国家形象建构应分为认知和情感两大环节，前者是基础，后者是结果。其中，认知由三个层面组成：第一个层面是功能层面，即对国家综合实力、竞争力的认知，涵盖经济和政治两个方面，包括对政治制度能力和有效性，对经济状况，对企业、产品、服务竞争力以及对科研和技术表现等方面的认知；第二个层面是规范层面，即对国家正当性的认知，涵盖国家观念、规范、价值观、意识形态等多个方面，还包括对国内社会、国际、生态义务及责任的具体判断等；第三个层面是美学层面，即对国家美学意义与价值的认知，涵盖对国家文化、传统、风景等方面的审美认知与判断。对这三个维度进行综合认知后，受众即被导入情感层面，做出具体的好或坏、喜欢或厌恶的价值判断，乃至最终的驱动行为。通过对表 5-4 "中俄头条"具体议题及其关键词的梳理和考察，我们发现，功能层面（新闻报道）、规范层面（社会民生）和美学层面（风景名胜、自然生物、文化活动）的认知内容都已经被包含在其中。通过丰富多元的网络议题设置，"中俄头条"积极向俄罗斯网民传播着中国独特的物质文化、行为文化与精神文化。

在"中俄头条"的所有发帖内容中，有两个常规板块，这两个板块每日都会固定发表一篇帖文,它们分别是"每日名言"与"早安系列"。其中,"每日名言"用中俄双语对照的形式发布一些对人生具有教育和劝诫作用的精炼话语或字句,内容涉及理想、志向、幸福、诚信、志趣、生命、励志、人生、爱情、友谊等,以期与读者在人生观、世界观和价值观等方面产生共鸣。表 5-5 列举了该板块部分帖文内容。

表 5-5　"每日名言"发布内容一览表(部分)

俄文内容	中文内容
Цените время: дни уходят бевозвратно!	好好珍惜时间,因为它将一去不复返。
Никогда не тратьте время на объяснения — люди все равно услышат то, что хотят услышать.	别浪费时间去解释,人们只听到他们想听到的。
Самое важное в жизни — это научиться падать.	学会跌倒是人生重要的一课。
Позвольте прошлому остаться в прошлом, и шагните навстречу будущему.	把过去交给过去,把未来交给未来。
Не богатство делает человека счастливым, а счастье делает человека богатым.	财富不能带来幸福,而幸福却是一种财富。

"早安系列"主要以图片形式发布一些与中国自然风光和人文景观相关的内容,例如,重庆巫峡、上海苏州河、扬州瘦西湖、北京中山公园、北京颐和园、杭州虎跑公园、北京立水西桥、沈阳和南宁城市街景等。这些图片让俄罗斯受众在欣赏中国当季美景的同时,也进一步认识和了解到中国的秀美河山与人文底蕴。

Dietram 等(2007)认为,议程设置指的是这样一种理念,即大众传媒对某项议题的强调和传媒受众所认为的议题的重要性之间存在着强关联。议程设置与显著性密切相关,是一个传达显著性的理论。媒介通过凸显某议题或者某一议题的某个方面的属性来影响公众对于外部世界的关注点。对于显著性和重要性比较高的议题,"中俄头条"在报道时长、报道密度、报道视角和报道内容等方面都进行了精心的议程设置。在 2022 年 11 月发布的议题当中,最重要的就是由中国国际电视台发起的"我眼中的中国古代神话英雄"绘画比赛。该比

图 5-2 "早安系列"配图——北京北海公园滑冰场

赛是基于三部关于中国传统神话和传说的动画视频——《女神女娲》《射手后羿》《山海经》——选择自己喜欢的角色进行绘画创作,目的是要弘扬中国的优秀传统文化,吸引更多的俄罗斯民众对中国传统文化产生兴趣并提升关注度。比赛的时间范围为 2022 年 11 月 23 日至 2022 年 12 月 2 日。但是,该账号在 2022 年 11 月 21 日就开始进入比赛的宣传期和预热期,并于当日连续发布了 7 篇帖文,进行比赛的前期宣传。在之后一段时间内,"中俄头条"都在不同的关键节点通过文字、图片、视频、音频等多种形式进行比赛的密集推广,以保证比赛在社交媒体上的热度(见表 5-6)。在具体报道内容的选择方面,组委会从多个维度展开叙事,包括科普比赛的相关背景知识;邀请比赛活动的策划人员介绍举办该比赛的目的、理念和构想等,讲述比赛背后不为人知的精彩故事;与参与该项目的艺术家、设计师和专家学者等开展访谈,倾听他们的感想和体会;同俄罗斯不同领域的知名人士合作,如邀请俄罗斯演员 Сергей Чонишвили 和北京 2022 年冬奥会冠军 Анна Щербакова 参与多媒体项目的配音工作；转发参与比赛的俄罗斯普通民众在 VK 网上发布的文字和图片等。通过各个领域和维度发出的不同的声音，扩大了比赛的传播广度和深度，形成立体化的传播格局。

表 5-6　绘画比赛相关发帖情况一览表

发帖日期	发帖数量	发帖形式
2022. 11. 21	7	文字 + 视频，文字 + 图片
2022. 11. 22	4	文字 + 视频
2022. 11. 23	3	文字 + 视频，文字 + 超链接 + 图片 + 视频
2022. 11. 24	3	文字 + 视频
2022. 11. 25	3	文字 + 视频，文字 + 图片
2022. 11. 26	3	文字 + 视频
2022. 11. 27	3	文字 + 视频，文字 + 图片 + 超链接
2022. 11. 28	2	文字 + 视频，文字 + 图片
2022. 11. 29	4	文字 + 图片，文字 + 视频 + 问卷调查，文字 + 视频
2022. 11. 30	3	文字 + 视频

在 2022 年 11 月 23 日比赛正式开始的第一天，"中俄头条"还将比赛相关信息以文字、超链接、图片和视频等多模态的形式进行了置顶，以最大限度地引起读者关注。在比赛信息发布后的几天时间内，置顶帖的文字阅读量就已接近 5 万，视频浏览甚至超过了 8 万次。置顶帖的文字内容如下。

Участвуй в конкурсе рисунков "Герои мифов Древнего Китая моими глазами" и получите возможность выиграть "мифического кролика" — символ 2023 года！

Для того，чтобы получить призы，вам необходимо：

1. Стать подписчиком VK-сообщества "Россия-Китай главное"：https：//vk. com/cri_rus

2. Выбрать и нарисовать своего любимого персонажа из трёх

анимационных роликов "Оживные мифы Древнего Китая": "Богиня Нюйва", "Стрелок Хоу И" и "Летопись гор и морей".

3. Прикрепить свою работу в комментариях именно под этим постом.

Выбор победителей:

1. Художники проекта "Оживные мифы Древнего Китая" выберут 9 лучших работ, авторы которых станут победителями конкурса!

2. Счастливчики получат приз — фигурку "кролика" (цвета: белый и красный, по желанию победителей) — символ 2023 года!

3. Конкурс продлится до 2 декабря! Вслед за этим мы сразу подведем итоги и назовем победителей!

Желаем удачи всем конкурсантам!

Первая серия "Богиня Нюйва" уже доступна для просмотра. Новые выпуски "Стрелок Хоу И" и "Летопись гор и морей" будут опубликованы в ближайшие дни, оставайтесь с нами!

快来参与"我眼中的中国古代神话英雄"绘画比赛吧,就有机会赢取2023年吉祥物"神话兔"!

要想赢取奖品,您需要:

1. 订阅VK社区"中俄头条",网址为:https://vk.com/cri_rus;

2. 从三部动画短片《复苏的中国古代神话故事》:《女神女娲》《射手后羿》《山海经》中选择并画出你最喜欢的角色;

3. 在本帖下方的评论区附上您的作品。

挑选获奖者:

1. "中国神'画'"项目的艺术家们将选出9位最佳作品的作者作为本次比赛的获胜者;

2. 获胜者将赢得奖品——2023年吉祥物"神话兔"摆件(颜色:获奖者可根据个人意愿选择白色或红色);

3. 本次比赛截止日期为12月2日,之后我们将在第一时间汇总结果并公布获奖者名单。

祝所有参赛者好运！

第一集《女神女娲》已经可以观看。《射手后羿》和《山海经》将于近日发布，敬请期待！

文字下方的图片便是本次比赛的奖品"神话兔"。2023年是中国的兔年，因此，组委会选择了"兔"的形象。而红白双兔身上的祥云、玉珏、拂尘、流苏等元素又充满着浓郁的中国古代神话传说色彩，因此，与本次比赛的主题紧密联系。这张图片的背景简单干净，兔子摆件是画面中唯一出现的元素，重点突出，主题鲜明。

图5-3 比赛奖品——2023年吉祥物"神话兔"

图片右侧的视频《女神女娲》时长为4分零5秒，由中国广播电视总台CGTN出品，带有中俄双语字幕，讲述的是中国古代神话传说女娲造人救世的故事。

图5-4　VK网的视频截图1

除"中国神'画'"多媒体项目外,2022 年 11 月对于中国航天史而言还有一个重大事件,那就是 11 月 29 日 23 时 8 分神舟十五号载人飞船在中国酒泉卫星发射中心成功发射。载人航天的发展是当今各国综合国力的直接体现,所有发达国家都把提高综合国力作为国家发展战略的首要目标,而发展高技术是其核心,载人航天技术就是其主要内容之一。习近平总书记指出:"探索浩瀚宇宙,发展航天事业,建设航天强国,是我们不懈追求的航天梦。"为满足经济建设、科技发展、国家安全和社会进步等方面的需求,提高全民科学素质,维护国家权益,增强综合国力,近年来,中国始终将发展航天事业作为国家整体发展战略的重要组成部分,始终坚持为和平目的探索和利用外层空间。此次神舟十五号载人飞船发射成功意义重大,不但展现出中国在航空航天技术方面取得的飞跃式进步,也彰显出中国愿与世界分享和平利用太空的决心。因此,"中俄头条"对该事件给予了高度关注,并在整个 11 月都对中国航天发展进行了长时间、连续性、高密度的报道,共计报道 26 篇。

与"我眼中的中国古代神话英雄"绘画比赛侧重于从多个维度展开叙事的议程设置不同,对于神舟十五号载人飞船发射升空及其前后相关事件的报道,主要是以时间为线索展开叙事,尽可能详实地还原该事件前后所有相关工作的开展过程与中国航天的发展历程,让俄罗斯受众清晰地了解到中国航天的诸多细节性信息,从而向俄罗斯受众更加直观地展示中国航天事业所取得的伟大成就。

表 5-7 中国航天报道情况一览表(2022.11.1—2022.11.30)

报道时间	报道内容	报道形式
2022.11.1	中国向天宫轨道站发射梦天实验舱,标志中国的空间站建设过渡到最后阶段	文字 + 视频
2022.11.1	在中国载人航天技术的快速发展中,培养一支航天专业骨干队伍是必不可少的	文字 + 超链接
2022.11.1	梦天实验舱已成功与中国的天宫空间站对接	文字 + 图片
2022.11.1	梦天实验舱与中国的天宫空间站成功对接,2022 年中国将完成国家空间站的在轨建造	文字 + 图片

续表

报道时间	报道内容	报道形式
2022. 11. 3	空间站梦天实验舱顺利完成转位,中国空间站三舱主体结构(T形结构)组装完成	文字 + 图片
2022. 11. 3	神舟十四号载人飞船的航天员乘组顺利进入梦天实验舱	文字 + 图片
2022. 11. 4	中国国务院新闻办公室发表关于国家北斗卫星导航系统的白皮书《新时代的中国北斗》	文字 + 图片
2022. 11. 5	《新时代的中国北斗》白皮书称,中国的北斗卫星导航系统技术先进、设计新颖、功能强大,是世界级的全球卫星导航系统	文字 + 图片
2022. 11. 12	中国已经成功将天舟五号货运飞船发射到轨道站,它将向神舟十五号机组人员运送食物、设备和物品	文字 + 视频
2022. 11. 12	天舟五号货运飞船与中国轨道站主舱成功对接	文字 + 视频
2022. 11. 15	天舟四号货运飞船将受控再入大气层	文字 + 图片
2022. 11. 18	神舟十四号飞船机组人员成功完成所有舱外活动任务	文字 + 视频
2022. 11. 19	执行神舟十四号任务的航天员完成第三次太空行走	文字 + 视频
2022. 11. 23	中国将为航天器配备制动降落伞,以加快从轨道上的下降速度	文字 + 图片
2022. 11. 28	中国的神舟十五号载人飞船计划发射	文字 + 图片
2022. 11. 28	中国三名航天员将执行神舟十五号载人飞行任务	文字 + 图片
2022. 11. 28	三名乘组航天员将在酒泉卫星发射中心问天阁与中外媒体记者集体见面,并回答记者提问	文字 + 图片
2022. 11. 28	出发执行神舟十五号载人航天任务的宇航员将替换在轨的神舟十四号飞船的乘员	文字 + 图片
2022. 11. 29	中国确定了执行太空任务的神舟十五号机组人员,其中,邓庆明是目前唯一尚未进入太空的宇航员	文字 + 图片

报道时间	报道内容	报道形式
2022.11.29	神舟十五号载人飞船的发射仪式于北京时间 11 月 29 日晚 8 时 19 分在酒泉航天发射场(甘肃省)举行	文字 + 图片
2022.11.29	神舟十五号载人飞船的三名乘员已经抵达酒泉航天基地(中国甘肃省)发射台	文字 + 图片
2022.11.29	中国已经从甘肃省的酒泉航天基地向中国的轨道站发射了载有三名宇航员的神舟十五号飞船	文字 + 图片
2022.11.30	神舟十五号载人飞船于北京时间 11 月 29 日 23:08 发射,这次发射使用的是长城 2F 运载火箭。发射后约 10 分钟,神舟十五号载人飞船成功与长城 2F 运载火箭分离并进入目标轨道	文字 + 图片
2022.11.30	中国的神舟十五号载人飞船与中国的轨道站组合成功对接	文字 + 图片
2022.11.30	中国神舟十五号载人飞船的三名乘员进入中国空间站,与神舟十四号飞船的三名宇航员会面。在轨空间实验室的宇航员总数首次达到六人,成为历史性事件	文字 + 图片
2022.11.30	中国的神舟十五号载人飞船于北京时间 11 月 29 日 23:08(地中海时间 18:08)从酒泉发射台搭乘长城 2F 运载火箭发射,我们捕捉到以月球为背景的神舟十五号飞船发射过程	文字 + 图片

　　2019 年初,习近平总书记在中央政治局第十二次集体学习中对全媒体的概念加以阐发,明确其由全程、全息、全员、全效四个维度组成,这是习近平总书记在新时代背景下对媒体的全新定义。其中,"全程化"体现的是新闻从业者试图跨越时空距离,超越媒介表征能力局限,以完备地刻画事件的真实过程,使传播随时随地可以发生。过去,由于受到技术、资本、人力等方面的限制,媒介转述的往往是抽象、片段、粗糙的部分现实,即对全过程的概括、剪辑,对事件发展的全程与全貌并不能做到原画复刻。对国际传播而言,因其跨国、超域、

远距等特性,全程报道自然更加困难,而受众却始终渴求报道得愈全愈好、愈真愈好,这一供需矛盾长期存在。步入全媒体时代,新闻媒体在全程报道上不断发力,日益接近复现事件、再现真实的目标(史安斌,张耀钟,2019)。"中俄头条"对重要新闻事件的报道同样在努力实现从片段描摹到全程复刻的转变,在全程报道上着力甚多,尽力复现、追踪重要新闻事件的发展,追求报道的具象性、共时性和全程性。具体而言,一方面,超越单一形式报道事件全程的不足,大幅增加报道数量和信息量;另一方面,增加视频等媒介表征形式和新兴技术手段,使报道更加契合现实世界的运动样貌,满足社交平台受众的感知需求。

第三节　多模态话语分析

随着科学技术的进步和发展,社会分工与社会交往已经不再单一和固定,界限也变得越来越模糊,从而使社会交往与信息交流的模式也趋于多种多样。社会进入后现代时期,话语已经不仅仅是以文本模式体现,还同时以图画、动画、声音、颜色等多种模式出现。话语,作为"居于社会之中关于客体的知识形式"(Kress & van Leeuwen,2001:20),已经成为社会实践活动中所有符号成分的集合,包括有声的、无声的和视觉的符号等(Chouliaraki & Fairclough,1999)。

在我们所生活的多模态社会中,意义的构建越来越依赖各种符号资源的整合。话语的多模态性已经成为当今世界人们交际中使用的各种语篇的一个重要特征。多模态话语是指运用听觉、视觉、触觉等多种感觉,通过语言、图像、声音、动作等多种手段和符号资源进行交际的现象。随着现代科学技术,特别是计算机、多媒体和传媒技术的发展和广泛运用,在人类的交际活动中,多模态话语特征日益凸显,图像、声音、文字、色彩、空间、动作等多模态同时出现的话语形态日渐增多。"意义通过不同的模态建构,并通过在一个交际过程中共现而得以体现和表达。"(Kress & van Leeuwen,2001:111)。

通过表5-3、5-6和5-7,我们注意到,在"中俄头条"发布的帖文中,借助多种模态共同建构语篇是该账号帖文的主流呈现形式。我们进一步对"中俄头条"在2022年11月1日至2022年11月30日发表的427篇帖文的模态进行考察和统计后发现，这427篇帖文全部属于多模态语篇，主要的模态组合形式包括文字＋图片、文字＋视频、文字＋超链接、文字＋图片＋视频等。"中俄头条"发表帖文的具体模态组合情况如表5-8所示。

表5-8 "中俄头条"发表帖文的多模态使用情况一览表(2022.11.1—2022.11.30)

序号	模态组合形式	数量	百分比
1	文字 ＋ 图片	288	67.4%
2	文字 ＋ 视频	123	28.8%
3	文字 ＋ 图片 ＋ 超链接	3	0.7%
4	文字 ＋ 超链接	7	1.6%
5	文字 ＋ 图片 ＋ 问卷调查	1	0.2%
6	文字 ＋ 图片 ＋ 视频	5	1.2%
		427	100%

通过表5-8可以看出，文字、图片和视频是"中俄头条"最常用的三种模态形式。近些年来，由于可视化和视频化的新闻和服务更为直观、用户体验更好，图片和视频在新闻报道中尤其是重大突发新闻报道中的使用频率越来越高。

多模态话语参与社会实践，其模态之间的关系也有一些特点。首先，话语多模态之间彼此相互补充；其次，话语多模态彼此相互增强；第三，多模态话语参与社会实践以一种模态为主。尽管多种话语模态共同参与社会实践，彼此相互补充、相互增强、形成合力，但还是以一种模态为主(成文，田海龙，2006)。例如，图5-5由文字和图片两种模态组成，但是图片是主模态。总体而言，上述复合话语都包含一种以上的模态，这些模态彼此构成一种合力，共同参与社会实践，从而发挥比单一模态更大的作用。

语篇是现实存在的，大都与语言有关。在多模态语篇中，有些视觉材料可以帮助建立语境，直接涉及语境的识解，对于理解语篇非常重要，反之，文字语篇对于解释图像也十分重要。Kress & van Leeuwen(1996:18)曾明确指出，"图

图 5-5　VK 网的网页截图

像结构和语言结构都是实现语义关系的基本方式"。作为意义的表征,有些只能由语言来实现,有些只能由图像来实现,很多情况下可由图像和文字共同实现。

　　对于图像和文字的关系,不同的学者也有不同的观点。Barthes（1977）认为,图像和文字说明是关联的,并且由于图像本身的意义飘忽不定,必须借助文字说明才能确定。Bowcher（2007）认为图像材料在识解语境的相关特征时对文字材料起着合作作用。Royce（2007）将这种合作作用称为"符号间互补"。但是,Kress & van Leeuwen（2006）却认为,图像和文字说明虽有联系,但并不依赖文字说明,因为图像本身是有组织的,又是有独立结构的。张德禄、穆志刚（2012）也指出,图像意义和文字意义的分配是关键因素:两者可能地位同等、相互补充,可以一方依附于另一方,还可以一方对另一方进行强化,或一方包含另一方,对另一方进行详述、扩展和提升等。在传统的文字和图像共同出现的语篇中,文字通常是主模态,而图像是对文字的进一步说明或再现,是对文字所体现意义的一种强化。但在现代通常以图像为主模态的语篇中,文字和图像可用以实现语篇不同侧面或者不同阶段的意义,这就是两者的互补性。另外,有时文字提供重点信息,而图像提供背景信息,有时则相反。有时两者表达的意义是整体和部分的关系,即图像或者文字表达的意义是另一个模态所表达意义的一个部分,但是重点信息。

在研究过程中,我们发现,在 VK 网上,图像和文字的互补作用具有不同的呈现形式,但是对于绝大部分帖文而言,图像本身并不能独立表达所有交际意义,需要文字说明进行补充和明确。例如,在图 5-6 中,通过图片信息,我们可知,正在举行 2023 年中央广播电视总台黄金赛事资源发布会,但是关于该场发布会的具体细节信息我们却无法独立地从图片中获取。此时,文本信息就起到了很重要的补充和明确说明的作用。

图 5-6　VK 网的文本配图

Медиакорпорация Китая провела в Пекине торжественную церемонию, на которой представила расписание крупных спортивных событий, запланированных к трансляции в нынешнем году.

На мероприятии присутствовал глава Медиакорпорации Китая Шэнь Хайсюн. С поздравлениями по видеосвязи выступили высокопоставленные чиновники ФИБА, Всемирной федерации бадминтона, Бундес-лиги и других международных спортивных организаций. Они заявили, что нацелены на дальнейшее сотрудничество с Медиакорпорацией.

中央广播电视总台在北京举行隆重的发布会,公布了今年计划播出的重大体育赛事的时间表。

中央广播电视总台台长慎海雄出席了此次发布会。来自国际篮联、世界羽毛球联合会、德甲和其他国际体育组织的高级官员也通过视频链接对发布会的召开表示祝贺。他们表示期待与中央广播电视总台开展进一步合作。

通过文本信息,我们可以进一步了解到这场发布会的主要内容、出席人员以及对发布会表示祝贺的组织和个人等。因此,图像信息可以直观呈现某一信息事件,而文字信息则可以对该信息事件进行详述、扩展和提升等。

我们认为,在多模态信息传递中,关键是选择和相应的设计。如果表达和塑造信息有多种方法和途径,那么,我们需要考虑的问题如下:哪一种或几种模态最适合用来表达所要传递的内容或意义?哪一种或几种模态在塑造所传播信息的时候最符合发话者的兴趣或意图?受众或发话者本人最喜欢哪一种媒体?在选择某个媒体或模态而不是其他的时候,发话者对自己的定位是怎样的?所有上述因素都需要发话者依靠传递信息时对环境的估计做出抉择(胡壮麟,2007)。也就是说,在情景语境以及交际目的的促动下,发话者需要首先从意义系统中做选择,然后根据所选意义去选择合适的模态组合来实现所选择的意义,并在这个过程当中确定哪些意义成分由文字表达,哪些意义成分由图像表达,哪些意义成分在哪个模态中是前景化的,哪些意义成分只提供背景信息等(张德禄,穆志刚,2012)。

所有的模态最终都会发展成产生意义的相互连接的可供选择的网络。符号制造者在这些意义网络中进行选择的过程,其实就是符号制造者为了表达自己在已知语境下想表达意义所做决策的轨迹,这个轨迹正是符号制造者的兴趣所在(Kress,1997)。

我们进一步对"中俄头条"的多模态资源来源和使用效果进行了考察和分析。在文本信息的来源方面,"中俄头条"的新闻类文本报道主要来源于"中俄头条"客户端和塔斯社(tass. ru)、俄新社(РИА Новости)、"俄罗斯世界"(russkiymir. ru)、俄罗斯卫星通讯社广播电台(radiosputnik. ria. ru)、俄罗斯共青团真理报(kp. ru)等俄罗斯主流媒体的门户网站。"中俄头条"的视频来源非常广泛,既包括央视频、人民网、CMG 视频、CGTN 俄语频道、《人民日报》、中国青年报等主流媒体视频号,也包括抖音、中国国家地理、荔枝视频、微博视频号等地方和民间媒体的客户端或视频号。其中,新闻类视频主要来源于CGTN 俄语频道。"中俄头条"的图片主要来源于新华网、央视新闻截图和一些官方机构的官网。比如说,有关中国航天事件的图片报道主要来自中国载人航天工程办公室的官方网站。在这里需重点介绍一下"央视频"平台,该平台是中央广播电视总台于 2019 年 11 月重磅推出的我国首个国家级 5G 新媒体平台。作为主流媒体中首个"视频社交媒体","央视频"的上线意味着中国的视频社交领域正式迎来了"国家队"(姜飞等,2019:21)。

视频的浏览量远远超过图片,带视频的帖文浏览量远超只带图片的帖文,而点赞数、评论量和转发量同样呈现这一特征。新媒体时代,视频日益成为社交媒体上更受青睐的一种形态,社交媒体的视频量呈井喷式增长,而以视频维度拓展社交入口的吸引力迅速提升。美国网络设备制造商 Sandvine 发布的 2018 年《全球互联网现象报告》(The Global Internet Phenomena Report)显示,在全球整体的互联网下行流量中,视频已经占到了近 58%。[①]Global Web Index(GWI)发布的 2019 年第一季度《社交媒体最新趋势旗舰报告》也显示,在脸书、推特、Snapchat 或 Instagram 上 60%的互联网用户都观看过视频。当代一个越来越明显的趋势就是视频正在成为互联网的重要入口,全球互联网已经正式进入视频时代。

就视频的内容类型而言,社会民生类视频的浏览量、点赞量、评论量和转发量明显超过新闻报道类视频。图 5-7 为新闻报道类视频,图 5-8 为社会民生类视频。图 5-7 的视频发表时间比图 5-8 还要早三个半小时,并被发布者进行了置顶操作。在两篇帖文发布一天时间后,我们对两个视频的相关数据进行考察发现,在浏览量、点赞量、评论量和转发量方面,图 5-8 的帖文数据都远远超过了图 5-7 的数据。可见,诉诸亲情的内容能够引起网络用户的共鸣与共情,形成社交网络平台的传播米姆。两者的具体数量对比见表 5-9。

---

① 参见:http://sandvine.com/press-releases/sandvine-releases-2018-global-internet-phenomena-report。

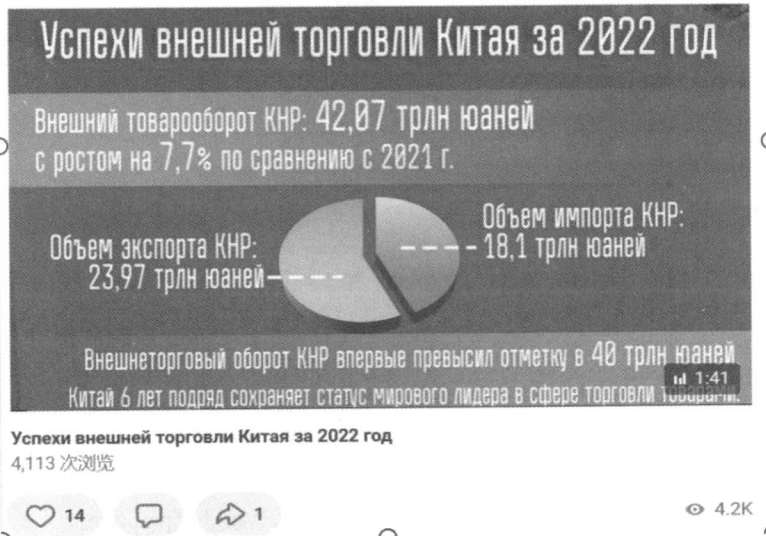

图 5-7　VK 网的视频截图 2

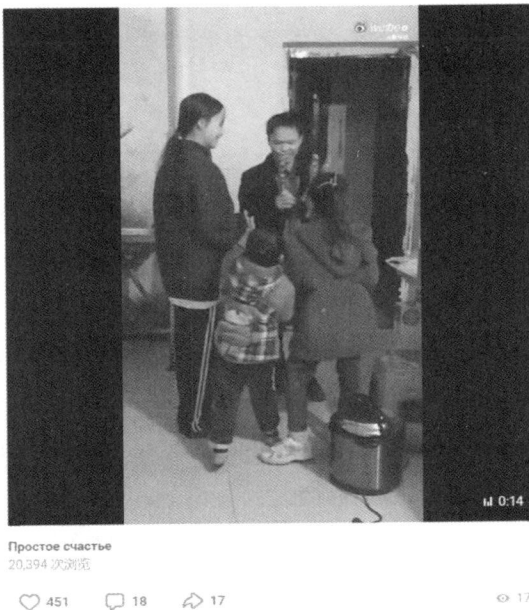

图 5-8　VK 网的视频截图 3

表 5-9　图 5-7 与图 5-8 帖文数据对比一览表

	帖文浏览量	视频浏览量	点赞量	评论量	转发量
图 5-7	4 200	4 113	14	0	1
图 5-8	17 000	20 394	451	18	17

图 5-7 的视频配文内容如下：

Внешнеторговый оборот КНР за 2022 год достиг рекордно высокого уровня. Согласно опубликованным Главным таможенным управлением КНР данным, в 2022 году годовой объем внешней торговли Китая впервые превысил 40 трлн юаней, достигнув нового рекордного максимума. Китай 6 лет подряд сохраняет статус мирового лидера в сфере торговли товарами. Взгляните на достижения Китая в деталях в нашей инфографике.

中国 2022 年的对外贸易额达到了历史最高水平。根据中国海关总署公布的数据，2022 年中国的全年外贸总额首次超过 40 万亿元，达到历史新高。中国已经连续 6 年保持其在商品贸易方面的世界领先地位。在我们的信息图表中，大家可以详细了解到中国取得的成就。

图 5-8 的视频配文内容如下：

На днях в городе Хэчи（Гуанси-Чжуанский автономный район）отец, долгое время проработавший на стройке, пришел домой с подарками на Новый год. Как только он вошел в дверь, трое детей запрыгали и затанцевали от радости. Мужчина достал из своих рук 4 связки засахаренных ягод, 3 из которых раздал детям, а последнюю с улыбкой вручил жене. Пользователь сети: Счастье на самом деле — в таких простых вещах! #видео_Китай

Источник: Агентство Синьхуа

近日，在广西壮族自治区河池市，一位长期从事建筑工作的父亲带着新年礼物回家。他一进门，三个孩子又蹦又跳，还高兴地跳起了舞。这位父亲从手中掏出四串糖葫芦，其中三串给了孩子们，最后一串他笑着递给了自己的妻子。网友评论：幸福真的就在这么简单的事情中＃视频＿中国。来源：新华社

第四节　传播效果评估

媒体供需关系是一个传统话题,但内涵随着时代的发展在不断演变。在纸媒时代,我们用读者热线、订阅量来收集用户的阅读体验。在广播电视时代,我们用收听率、收视率和市场调查等来衡量听众和观众的选台偏好。进入互联网时代,我们用页面浏览量、视频观看量、互动量和停留时间等来判断用户的阅读兴趣。刘滢、魏怡孜(2020)通过连续对国内、国际知名媒体的海外社交网络传播效果进行阶段性评估,制订出海外社会化媒体传播效果评估体系的基本框架及其核心指标,如表 5-10 所示。

表 5-10　海外社会化媒体传播效果评估体系的基本框架

一级指标	二级指标	三级指标
内容生成能力	报道数量	文字稿量
		图片稿量
		视频稿量
	报道质量	首发率
		原创率
		多样性
传播延展能力	报道吸引力	粉丝量
		浏览量
		收藏量
	报道延展性	点赞量
		转发量
		评论量

一级指标	二级指标	三级指标
议题设置能力	议题配比合理性	中国新闻、涉华国际新闻、国际新闻数量的占比
		政治新闻、经济新闻、文化体育新闻数量的占比
	媒体议题设置能力	主流媒体转引／转载量
		其他媒体转引／转载量
		转引／转载同向指数
		转引／转载异向指数
	公众议题设置能力	意见领袖转发／评论量
		评论同向指数
		评论异向指数

经过几年的努力，"中俄头条"账号在俄罗斯 VK 社交网络平台上的传播策略渐趋成熟，尤其是在内容生成能力方面有较大进展，取得了显著的成效。"中俄头条" VK 账号的文字、图片和视频发布总量与日均发布量均领先于 VK 社交平台上其他国内主流外宣媒体，报道的首发率、原创率和多样性也呈现出较为可观的数据，说明"中俄头条"账号的报道数量和报道质量都有极大提升。

在传播延展能力方面，"中俄头条"账号却呈现出两极分化的现象，一方面，报道吸引力表现较好，"中俄头条" VK 账号的粉丝数量庞大，文本阅读数和视频浏览量也一直维持在比较不错的水平，说明该账号在俄罗斯社交平台的关注度较高。但是，另一方面，报道延展能力有待提高，"中俄头条"发表帖文的互动总量，包括网站粉丝的点赞量、评论量和转发量等互动指标普遍表现不佳，传播延展性较弱。例如，在图 5-8 所示帖文中，尽管帖文浏览量和视频浏览量在一天时间内就已经分别达到了 17 000 和 20 394 的较为可观的数据，但是，帖文的点赞量、评论量和转发量却分别仅有 451、18 和 17。图 5-7 所示帖文的评论量更是为 0，转发量也仅为 1。周美芝（2017：75）在考察《人民日报》VK 网传播现状时也指出，《人民日报》在 VK 平台上的传播正面临"文字来源不丰富，图片视频数量不足，话题链接不开放、不延伸"的问题，同时，用户的浏览、分享、点赞、评论数量不多,传播范围较小且互动性较差。总体而言,中国主流媒体在 VK 网的整体运营能力、互动指数以及传播范围都相对较低,在新媒体舆论阵地上的影响力仍然有限。如何充分利用网络平台的优势提高传播效益、做出适应性调整,是中国驻俄媒体亟须思考和解决的问题。

在本章第二节中,我们提到,"全媒体"的概念是由全程、全息、全员、全效四个维度组成的。其中,全效维度关注的正是传播的效果,这既是传播的目的,也是衡量传播意义与有效性的关键所在。辩证地看,传播行为由动机和效果两方面构成,只有动机而不论效果或者说仅讲效果但缺少动机都是不行的。在国际传播过程中,传播主体既需要充分考虑自身主体性与动机正当性,也要合理兼顾他国受众接受、满足与否的反馈和体验。具体来讲,全效体现在两个层面:一是全功能,即伴随着媒体融合的持续深化,媒体日益成为一种平台,将各类功能整合于一体、并于一身,不再局限于纯粹的信息生产、传播与告知,而是要突破功能尺度,可提供信息、社交、生活、娱乐、互动等多样服务,更好地满足受众需求;二是全效果,即借力信息技术的更新换代,更为深入地分析受众使用习惯,寻求传播效果的全面化、最大化。尤其是在国际传播中,由于传者、受众间的不对称性和结构性差异更加显著,编码和解码的过程实际上更容易发生扭曲、误读(Hall,2007)。因此,达成国际传播主体与客体间的交流共融、动机与效果间的辩证统一自然更加重要。简言之,形成传播主体与受众间的理解、共情,进而建构全效思维,是国际传播的重要发展方向。

基于"中俄头条"的粉丝量、阅览量与互动量之间存在较大差异的现状,我们认为,"中俄头条"在今后的帖文内容选择和生产方面应更多地关注受众体验,重点提升社交平台互动率,实现"流量"思维与"留量"行动并重,形成精准有效的对外传播,以增强传播效果。全球化时代,精准到达、个性化服务已经成为衡量国际传播效果的新标准。为此,有学者对国际传播提出"一国一策"甚至"一群一策"的新要求,从事国际传播的机构要准确了解各国、各类人群的媒介使用习惯和需求,不断将触角与渠道向社区、个人层面延伸,强化内容之外的服务功能,以突破传统国际传播的范畴(于运全等,2020)。具体而言,在功能上,可归并多功能于一身,如设置汉语语言文化知识小讲堂,提供中国生活小贴士等功能,讲解签证、政策措施、生活等知识,还可以利用小测验、投票和其他交互功能,提高读者的参与度和账号曝光量,吸引年轻粉丝;在话题选择上,应尽量避免利用刻板的文化符号传递中国文化的传统,需要有意识地借鉴海外公众相对个人化、生活化的叙事内容与叙事方式,以海外受众感兴趣的"小话题"作为切入点,以个人为叙事主体,讲述有真实情感的中国故事,构建"经典中国""当代中国""平凡中国"形象(邓依林等,2022:26);在内容上,应当在"硬内容"的基础上,配比更多对俄罗斯受众而言既有趣又实用的"软内容",如开设美食、旅游、娱乐等板块,分享餐饮、艺术、交通、购物等信息;在表达方式上,应当尽可能将官方话语转变为公共话语和民间话语,寻找国际社会乐于接受的话语表达方式,展开讨论、对话和交流,积极探寻国家之间的利益共同点和战略融合点;在效果上,可借助大规模深度调查、大数据分析与算法,实时分析俄罗斯受众的阅读趋势,及时把握目前俄罗斯受众对议程设置所呈现出的话语稳定性特点,精准考察俄罗斯受众的信息需求与喜好倾向,勾勒用户兴趣矩阵,同时结合社交媒体平台的互动反馈机制,及时调整媒介话语内容传播策略,从而有效掌控俄罗斯受众的需求。最终,在深入了解俄罗斯受众需要的基础上,进行内容定制化,以增强用户黏度,提升对俄国际传播效果。

在议题设置能力方面,"中俄头条"报道议题的配比合理性正在逐渐提高,但是,与其他中国主流外宣媒体 VK 账号的合作和互动还比较少,媒体议题设置能力与公众议题设置能力仍有较大拓展空间和效果提升潜力。我们通过对2022 年 11 月 1 日至 2022 年 11 月 30 日之间发表的帖文进行考察发现,仅有三篇转发贴,均转自账号"Панда Студия Китай"。该账号现有近 5 000 名粉丝,日均发帖 1～2 篇,主要介绍中国的传统节日、饮食习惯、日常生活和养生经验等。除此以外,"中俄头条"与其他中俄账号都基本上没有任何互动。我们又对其他几家中央级媒体,如人民网、新华网、中国国际电视台、中国网等的 VK平台官方账号进行考察发现,中国外宣媒体之间以及中国外宣媒体与俄罗斯主流媒体之间都普遍存在互动太少的问题。此外,中国主流媒体账号间还存在传播力、引导力、影响力等传播效果不均衡的现象。

随着世界互联网大会乌镇峰会、"一带一路"新闻合作联盟等跨国机制的逐步完善,国际媒体之间的关系开始由互相竞争转向全员协作。在2022年"一带一路"媒体合作论坛上,各国代表一致认为,媒体是加强各国民心相通的重要渠道,应进一步推动共建"一带一路"国家间的媒体合作和互信,继续加强各国媒体间的交流,讲好共建"一带一路"的故事。在这个时代大背景之下,一方面,以"做好平台主账号,以主账号带领分账号成长"的策略构建有影响力的账号矩阵,借助主账号为分账号引流,推动其快速成长,分账号反哺主账号,提升其互动率和活跃度,实现良性循环;另一方面,国内的主流外宣媒体应该在国际社交平台上实施积极全面的合作,分享资源、增加互动,引导粉丝在不同账号之间自由流动,借助热度更高的账号增强其他账号的受关注程度,并对重要议题联合开展网络议程设置,以热点事件或感情共鸣点为切入点,坚持策划先行,提前组织部署,增加报道深度,提升吸引力和感染力,最终形成中国形象对外传播的合力。

本章小结

海外社交网络平台受众覆盖范围广,传播速度快,是各国媒体的兵家必争之地。近年来,海外社交网络为中国媒体的国际传播活动提供了新的更具传播力和影响力的全球性平台。借助这些平台,中国媒体实现了直接触达国际受众并与之互动,传播效果已然今非昔比,但仍有一些不足和短板。

邢丽菊、鄢传若斓(2022)认为,中国国家形象的建构主要应该考虑三方面的因素:其一,传统文化构成了国家形象的内核;其二,国家实力和发展水平是建构国家形象的内部动力;其三,国际体系与国家间关系是建构国家形象的外部动力。"中俄头条"在俄罗斯VK社交平台的议程设置与主题选择较好地兼顾了上述三方面的内容,通过发布新闻资讯实时报道中国在政治、经济、国际关系、生态等领域的重大事件以及中国在科技领域取得的重大突破与成就,通过发表中国的自然风光、人文景观、自然现象、动物、植物、文学艺术、节日文化、传统文化、奇人异事和价值观念等方面丰富的图片和视频等,全方位、多角度地向俄罗斯民众展示中国优秀的传统文化与真实的现代生活方式,努力实现全程、全息、全员、全效的"全媒体"国际传播目标。但是,在中国国家形象的"自塑"与"合塑"过程中,"中俄头条"依然还存在与粉丝互动量较少,帖文的点赞量、评论量和转发量等指标仍不理想,与其他中国主流外宣媒体 VK 账号以及俄罗斯主流媒体的合作和互动较少等问题。

国家形象在"自塑"模式中的国际传播主要依靠媒体发声。媒体是塑造国家形象的重要媒介。一个国家的国际媒体在国际舆论场上掌握多大的话语权,就能够在多大程度上更好地塑造国家形象。"自塑"的关键参与者多为中国的国际媒体记者。海外受众通过报纸、杂志、广播、电视、网络等途径,会对中国产生具有一定认知基础的符号化印象,而"这些印象实则都是受众对媒介所提供的拟态环境的反应"(程曼丽,2008:162)。因此,在"自塑"的国际传播过程中,中国国际媒体所具有的影响力、报道内容的呈现、报道的方式和途径,对于影响海内外民众的判断、树立立体正面的国家形象尤为重要。在全球治理中,国家不仅要充分利用自己的意识形态、价值观等优势去进行国际表达,使话语处于主导性与压倒性的态势,而且还要充分利用发达的宣传机器、传播系统与传播技术,通过制造舆论和设置特殊议题对全球治理中的组织、平台、规则、制度、政策与价值理念等发表看法、造成声势、形成影响;同时还应从发展模式、方案与实践智慧中总结出一些具有普遍性、可借鉴性的内容向世界展示、说明与推广,从而赢得更多的国际话语权(陈婷婷,2022)。

总体而言,国家形象的塑造就是一个由主体建构到关键参与者将讯息进行国际传播的全过程。当今,随着经济全球化的深入发展、信息技术的日新月异,中国综合实力持续快速提升,越来越走近世界舞台中央,与外国交往越发频繁,接触面更加广阔,海外民众了解中国的需求迫切而强烈。未来,中国主流对俄外宣媒体如何借助"中国"这一关键词在俄罗斯社交网络平台上的热度传播好中国故事,增加俄罗斯受众对中国的好感,使俄罗斯民众对中国有更加全面和准确的认知和了解,进而提升中国的国际形象和国际影响力,是值得我们深入思考的问题。

第六章
中国对俄新媒体传播策略

2019 年 1 月 25 日,中共中央政治局在人民日报社举行第十二次集体学习时,习近平总书记指出:"现在,国际上理性客观看待中国的人越来越多,为中国点赞的人也越来越多。我们走的是正路、行的是大道,这是主流媒体的历史机遇,必须增强底气、鼓起士气,坚持不懈讲好中国故事,形成同我国综合国力相适应的国际话语权。"2021 年 5 月 31 日,中共中央政治局就加强我国国际传播能力建设进行第三十次集体学习,习近平总书记在主持学习时再次强调,讲好中国故事,传播好中国声音,展示真实、立体、全面的中国,是加强我国国际传播能力建设的重要任务。

进入全媒体时代,国际传播呈现出三个主要的特点:智能化、平台化、故事化。智能化是指在国际传播领域,全媒体和智能化形成了主导共识;平台化是指互联网技术的发展促进了平台经济的兴起,例如目前已经出现的"终端 + 内容平台"的出海协作方式;故事化则是指越来越多的国内媒体改变了以自我为中心的外宣系统,采取"讲故事"的方式设置议题、争取话语权(王方,陈昌凤,2020:65)。就讲故事的意义而言,任孟山(2021)指出,国际传播的世界竞争实际上是国家间讲故事的比赛,比的是谁有能力讲故事,谁有能力讲好故事,谁能让别人听到故事,谁能让别人愿意听你讲的故事,谁能让别人认可你讲的故事。我们不能期待"西方版中国故事"会有迅速转变,而是应该着力推动"中国版中国故事"的国际传播,让世界有更多的机会了解中国与理解中国。"中国版中国故事"是一个宏阔的战略传播体系,需要拆解成多个具体的战术执行框架。比如说,"中国政治故事"可以向世界传播中国是国际政治的合作者和秩序守护者,"中国经济故事"可以向世界传播中国是世界经济的贡献者与国际贸易分享者,"中国文化故事"可以向世界传播中国是多元文化的支持者与倡导者等。

当前,国际传播能力建设的一个重要渠道就是互联网。We Are Social 等机构发布的调查数据显示,截至 2021 年 1 月,全球手机用户数量为 52.2 亿,相当于世界总人口的 66.6%;同时,互联网用户数量为 46.6 亿,社交媒体用户数量为 42 亿[①]。由此可见,互联网已然成为世界各国民众获取信息的重要渠道,充分发挥着沟通世界的桥梁纽带作用,在此基础上也形成了新的国际舆论场,影响着世界媒介格局。在新的国际舆论场语境中,超级互联网平台为中国网络国际传播提供了新的话语实践空间,有助于扭转我国主流媒体在国际传播能力方面存在的不足。因此,我们应当在平台社会语境中重新思考国际传播的战略与路径选择,通过互联网平台把讲述中国故事纳入全球公共话语和平台公共领域的对话中(张志安,唐嘉仪,2022)。

随着俄罗斯互联网用户群体的迅速壮大,中国主流媒体在对俄传播国家形象中也开始越来越重视利用互联网平台。例如,我们在第五章所提到的,在中俄全面持续加强战略合作的背景下,中央广播电视总台、今日俄罗斯通讯社共同打造中俄双语融媒体平台"中俄头条",为中俄两国普通民众提供了更加直接的沟通渠道。《人民日报》、新华社、中央广播电视总台等中国主流媒体都纷纷入驻俄罗斯社交媒体,努力开拓对俄传播新领域。其中,反映中国经济发展、科技前沿时讯、社会民生百态的新闻和短视频尤其赢得俄罗斯年轻网民的"点赞"。

2019 年,字节跳动旗下的短视频社交软件"抖音"海外版应用 TikTok 入驻俄罗斯社交媒体市场,很快就凭借着趣味创新的短视频功能受到大批俄罗斯年轻网民的青睐。据 2021 年 4 月的调查统计,97% 的俄罗斯网民都对 TikTok

---

① 参见:http://www.199it.com/archives/1197788.html。

有所了解[①]。列瓦达中心 2021 年 2 月的调查结果也显示，TikTok 在俄罗斯最受欢迎的社交媒体软件中排名第四位，俄罗斯用户数量在短短两年内从 2% 升至 14%，高于脸书(9%)、推特(3%)等老牌社交软件[②]。如今，作为俄罗斯用户量增长最快的社交媒体，TikTok 已从最初的舞蹈类短视频分享站点发展成为集资讯、教育、娱乐、商业于一体的综合平台，积极使用俄罗斯年轻人的话语表达方式讲述中国故事。

江和平(2022:48)曾提道，"内容、渠道、技术、融合、用户是加强国际传播的必经之路"。但是，就现阶段而言，我国的国际传播通常还是使用一种声音面向国际，在区分文化差异、辨识多样化受众方面尚存在不足，在主体培育、故事讲述、话语体系和传播渠道等方面还未做到"因国而异"，难以采取不同的方法构建对外传播精准化的传播策略。为迎合互联网发展趋势，同时提升对俄传播效能，在本章中，我们将从传播主体、传播渠道、传播内容和传播技术等四个方面提出对俄新媒体传播的策略性建议。

第一节　丰富对俄传播主体，搭建多方协作的战略传播格局

从新中国成立到 20 世纪 90 年代末，中国国际传播的主体基本上都是以国有媒体和国家机构为主。实际上，任何单一主体都不可能完成中国形象的建构任务，但任何单一主体都可能或大或小地影响中国形象。互联网时代，国际传播早已不再只是中国媒体机构的事情，相较于政府主导、媒体参与，在平台社会的语境下，中国文化和中国形象的网络国际传播更需要全民参与，充分、合理分配不同的话语主体。

在第五章中，我们提到"全媒体"的四个维度，其中，"全员"关切的正是传

---

① 参见：https://iom. anketolog. ru/2021/04/01/tiktok-v-rossii-2021. 2021-04-02。

② 参见：https://www. levada. ru/2021/02/23/sotsialnye-seti-v-rossii/. 2021-02-23。

播的传者和受众,即将宏观至国家、中观至社会、微观至个人的各类主体更全面、深入地纳入新闻传播活动中,使更多的人参与、共享。在国际传播中也是如此,在破除了美英主流媒体的"双头"垄断和专业人员才可从事国际传播的固有藩篱之后,应允许和鼓励多元主体和个人以自媒体的形式加入其中,"每个人都可能是国际传播的潜在发起人和参与者,形成国际传播的众包生产机制"(史安斌,张耀钟,2019:13)。

随着全球一体化的深入发展以及中国传媒产业的发展,我国的国际传播领域越来越广泛而多样,传播主体日趋多元,在中央媒体、地方媒体协同发力的同时,民营文化企业等其他非国有力量正在成为国际传播生力军,个人在社交媒体时代也开始发挥积极而显著的作用,从而逐步形成多主体相互协同的国际传播新图景,为中国国际传播注入了强劲的活力和动力。一方面,中国的民营文化企业把握新媒体发展机遇,开始在国际传播中发挥积极而独特的作用。2019年,腾讯视频面向海外推出流媒体服务平台WeTV,已在泰国、印尼、菲律宾和马来西亚等国家和地区落地。爱奇艺国际版2019年也登陆马来西亚,随后积极拓展其他东南亚市场。另一方面,在网络平台的作用下,以个人为基础的表达和参与显著上升。来自不同国家和地区的多样化个体,型构了一种基于个性化传受需求的连接关系网络,即一种更加微观的跨国人际传播生态。每一个与他国民众接触的人都可以是塑造国家形象的关键参与者。针对不同地区的特点,国内民众利用群众身份与海外民众进行互动和沟通,在社交媒体平台即时发布带有中国特色和元素的文字、图片及视频等,掌握新兴媒体的传播规律,利用海外受众流量较大的平台开展直接的传播活动,同样能够助推平等、友好的中国国家形象实现二级甚至多级传播。未来,我们应当致力于打造多个拥有庞大用户群体的有效传播渠道,形成多层次、多主体、多元化、多价值的中国形象国际传播视角。

一、培养国际意见领袖,发挥名人效应,主动引导正面舆论

20世纪40年代,美国著名社会学家保罗·拉扎斯菲尔德在《人民的选择:选民如何在总统选战中做决定》一书中提出"意见领袖"的概念。拉扎斯菲尔

德等人通过对政治选举中选民意见、态度和行为进行调查,将具有影响其他选民能力的人称为"意见领袖"。随后,经过拉扎斯菲尔德等人在诸多领域的研究,意见领袖概念被拓展到营销学、社会学等领域。意见领袖是指在人际传播网络中经常为他人提供信息,具有影响和改变他人态度的能力的人。他们在大众传播过程中承担过滤信息的任务,并作为中介将信息扩散给受众,形成"两级传播"。

在社交媒体语境下,意见领袖不仅充当两级传播中受众之间信息"中转站"的角色,更是作为信息的源头,能够直接影响社交媒体平台的信息舆论和意见走向。新媒体时代,人人都可以成为信息的生产者与传播者,攻击性力量多元且分散、匿名而又难以追踪,因此让一些带有特殊目的或企图的媒体、组织与个人有机可乘,在网络上歪曲事实、搬弄是非,加上一部分网络受众怀有猎奇心态,对负面言论更加关注,于是很容易落入别有用心势力设计的意识形态"陷阱"之中。面对这种现象,我们更需要发挥国际意见领袖尤其是网络舆论意见领袖的积极作用,主动出击,引导正面舆论。

2019 年 5 月 30 日,CGTN 主播刘欣应约与 FOX 商业频道主播翠西就公平贸易、知识产权、华为、关税、中国的发展中国家地位等话题进行了长达十几分钟的公开辩论。这场前所未有的对话开启了中国向海外传播良好国际形象的先河,为国内其他媒体向海外传播迈出步伐提供了参考,具有里程碑式的意义。

2019 年,葡萄牙足球明星克里斯蒂亚诺·罗纳尔多(C 罗)在中国之行期间发推文称"很高兴见到你,中国"。该条图文帖获得了 16 万的点赞量和 1 万余条转发。C 罗主队尤文与国米在中国南京上演了一场巅峰对决赛,凭借着 C 罗的出色表现,最终尤文以总比分 5:4 战胜国米。作为当今足坛第一巨星,C 罗的中国行自然引发众多球迷的关注。这条帖文流行的原因主要在于发帖者的知名度和影响力。赵子忠、李琳琳(2022)对国际主流社交媒体平台排名前十的头部网红账号进行考察后发现,这些头部账号中,绝大部分都是本身就已经具有知名度的演艺界明星或政界名人。其中,C 罗在脸书、推特和 Instagram 平台都开设有账号,且粉丝量排名都位居前十。在脸书和 Instagram 的全球粉丝量更是排名第一位。因此，通过影响有影响力的人，可以在关键时刻发挥关键作用，进而实现"滚雪球效应"。

俄罗斯原驻华大使杰尼索夫在对 2021 年进行总结概括时，形象地使用了汉字"齉"来表明国际形势越来越复杂化。"如果用一个汉字形容过去的一年，我会用'齉'字。"杰尼索夫说，这个字是他所了解的汉字中最复杂、最难写的字，拿它形容过去一年，也反映出了当今世界所面临的复杂和困难因素。值得庆幸的是，2021 年也出现了新的积极态势，杰尼索夫指出，希望不久后人们可以用发展的"发"、进步的"进"以及快乐的"乐"来形容自己的生活。杰尼索夫作为一名公众人物，他在公开场合对中国汉字的自如运用与全新阐释，引起了俄罗斯民众对中国汉字文化的极大兴趣与关注。

图 6-1　俄罗斯原驻华大使杰尼索夫展示汉字"齉"

2022 年 10 月 12 日，正在国际空间站上执行驻留任务的意大利首位女性航天员萨曼莎•克里斯托福雷蒂（Samantha Cristoforetti）在推特上发布了三张太空摄影作品以及一段中英文双语名句：

仰观宇宙之大，俯察品类之盛，所以游目骋怀，足以极视听之娱，信可乐也。

Looking up, I see the immensity of the cosmos; bowing my head, I look at the multitude of the world.

The gaze flies，the heart expands，the joy of the senses can reach its peak，& indeed，this is true happiness.

克里斯托福雷蒂引用的这段古文正是出自东晋著名书法家王羲之所著的《兰亭集序》，是中国书法史上的著名作品之一。会讲意大利语、英语、德语、法语、俄语和汉语等多门语言的克里斯托福雷蒂同时也是欧洲航天局中方联络小组的成员之一，负责与中国同行保持联系，确定合作计划等。克里斯托福雷蒂在太空中借用王羲之的诗词直抒胸臆，引发国外社交媒体上网友的热议。外国网友在夸赞克里斯托福雷蒂中文水平的同时，也纷纷表示，愿世界和平，少一些冲突，多一些合作。第二日，中国外交部发言人毛宁在主持例行记者会时也特意提及此事，并指出："自古以来，了解和探索宇宙就是人类的梦想。各国理应携手合作，呵护好我们共同生活的星球，让地球和世界变得更加美好。"克里斯托福雷蒂的推文让全世界都感受到了中国诗词的巨大魅力，而我国外交部发言人对推文内容的积极回应更是让国外民众看到中国守护世界和平、推动人类进步的执着追求。

诸多案例表明，网络舆论意见领袖作为国际新媒体传播中的重要角色，具有影响他人态度的能力，可以加快大众传播速度并扩大国际影响力。因此，在中国形象的对俄传播过程中，我们既要加强与俄罗斯各界有影响力的知名人士合作，在俄罗斯社交网站和短视频平台进行议程设置，还应在国内有意识、有针对性地培养一批具有权威性和知名度的国际意见领袖，借助新媒体场域，在对俄传播中主动发声，引导正面舆论，提升中国国家形象。

二、提高中俄公民参与积极性，提升中国形象亲和力

邢丽菊、鄢传若斓（2022）指出，国家形象的塑造是"自塑""他塑"和"合塑"的有机结合，三种模式相互关联，互相影响。其中，"合塑"是国家形象塑造的变速箱。作为连通不同国家的缓冲地带，"合塑"多以人文交流的形式传播国家形象，在"自塑"和"他塑"有时存在对立的情况下，能够起到中介作用，进行调节和补充，丰富国家形象的多维塑造面向。一项对在中国的八十位外籍人士进行的深度访谈研究发现，具有跨文化身份的外籍人士作为"信息中介

者"和"文化译介者"成了连接不同中介的"意见领袖",海外民众对文化群体内的观点和看法的接受度更高,经由"意见领袖"传播的信息和评价也有更大的影响(赵云泽,2015:68)。因此,相较于本国向外传播国家形象,"合塑"国家形象的效果更为凸显。

国家形象的"合塑"需要中外公民的共同参与和合作。与过去相比,国家形象建构之后的讯息有更多的中介者可以接触并进行传播,除了通过大众媒体的渠道进行传播外,人际传播也成了必要的途径,海内外民众都将成为关键参与者。由于作为跨文化交流主体的个人能够为海外信息传播赋予情感与温度,拉进文化距离,因此,将"传播主体"更多地让位于普通民众,用普通人的平凡生活和独特视角来展示"平凡"中国,往往更容易与海外公众产生情感共鸣。在我国社交媒体、短视频平台上先后出现过一批外国"网红",他们虽然是外国人,却能用一口流利的中国话介绍自己国家的美食、风俗、人文,他们通过"中国化"的传播手段不仅传播了本国文化,也促进了中外跨国文化的沟通与融合。这些现象表明,国际传播的文化载体形式越来越宽泛,突破了原有的传统认知界限。传播者的国别、民族、形象、外貌、语言等也许将不再成为影响受众接受、理解和认可的信息障碍。

如今,民间主体已经成为我国网络国际传播的重要参与力量,如果能够充分调动他们的积极性,引导民间主体以普通网民私人身份和"人格化"形象开展国际传播,淡化官方机构在国际传播中所占比例,将有助于促进国际社会多角度了解真实、复杂的中国。张志安、唐嘉仪(2022)针对平台社会语境下网络国际传播的现状和特点,提出重视和鼓励民间主体力量参与网络国际传播的四个切入点:一是鼓励海外青年网民群体通过全球互联网平台积极参与国际传播,以第一人称讲述中国故事;二是突出通俗化表达和生活化视角的"软传播"思路,强化网络国际传播的交流感和故事感;三是把握不同类型海外社交平台的特点差异和传播规律,提升网络国际传播的针对性和实效性;四是弱化民间主体的网络民族主义情绪,尽量避免诱发过激的国际网络民族主义事件。

以北京冬奥会为例,在冬奥会的议题形成上,国外传统媒体与社交媒体之间存在着明显的撕裂感。传统媒体为了制造新闻焦点,往往侧重于将细节上升为宏观话题,而社交媒体则在任何场面下都表现为个体化叙事。在冬奥会开幕式上,许多运动员都带着手机记录下自己参与开幕式的片段,并以短视频或图文方式发布到国外社交媒体上。每个人的关注点各具特色,著名单板滑雪运动员肖恩·怀特的短视频感慨于看台上人潮涌动与内心激动,泰莎·莫德的短视频则感动于表演志愿者们的全情投入与欢迎热情。这些短视频尽管画质并不精美,议题并不宏大,却极具感染力与说服力,有利于各国网民更加关注冬奥会本身,主动去除散布在赛场上的无关杂音。此外,透过运动员的社交媒体账号,全球网民看到了具有科技含量的、充分尊重运动员个性需求的床,看到了充分体现防疫需求的机器人餐饮设备等;透过各国媒体记者的社交媒体账号,我们看到了高难度场地实时传输的媒体保障实力,看到了高效配置且严格防疫的交通保障实力。作为冬奥会赛事周边议题的衍生,这些传播内容都是综合国力的"巧展示",一方面充分展现了我国对冬奥会的重视和对待冬奥客人的礼遇,另一方面也有助于赢得国外更广泛人群对我国的尊重。

在当今的国际传播生态中,有一个群体不容忽视,那就是作为主要流量来源的国际社交媒体网红。他们作为话题设计的主导者和舆论的引导者,对热点话题的内容创新、传播强度和信息的流动方向都具有重要影响。国际传播中的传播者根据不同领域,借助不同类型网红的可信度和形象力进行背书和推广,进而改变或影响海外大众的认知和态度,从而更好地达到传播目的。因此,"社交媒体的网红传播已经成为国际传播不容忽视的重要力量"(赵子忠,李琳琳,2022:94)。

近年来,以李子柒、办公室小野、滇西小哥等为代表的一系列人气网红走向世界,在油管等国外社交媒体平台成为向世界传播中国文化的亮眼窗口。他们通过展现田园风光、乡村生活、传统手工艺、美食制作等内容,展现出不逊于专业媒体机构的跨文化吸引力。我们同样可以在俄罗斯社交媒体平台有意识地培养一批致力于传播中国文化的"网红",由中国主流媒体账号在早期阶段利用自身粉丝量大的优势对他们进行积极推广和引荐,同时协同社会组织和专家团体,利用他们的专业技术优势为中国形象在俄罗斯新媒体的传播提供动画内容制作、短视频创意等方面的帮助和指导。

赵子忠、李琳琳（2022：98）指出，构建"共同的意义空间"是国际传播能够顺利进行的前提。在国际传播中加入社交媒体的网红传播，与当地的网红合作，或者是塑造符合当地文化特色、审美风格和用户兴趣的网红，更容易构建我国与目标国家之间"共同的意义空间"，缩小符号编码与解码的差异。由于面对不同国家和地区，既懂对应语种又懂国际传播的专业人才培养成本较高，地域文化和思维差异有时也会让对外传播效果大打折扣，因此，为提升中国故事的国际传播力，除了让国内的民间主体主动走出去讲述中国故事外，中国主流媒体还可重点遴选部分俄罗斯网红，更多地采用"他说"策略，邀请他们在本国的新媒体平台积极讲述中国故事，同时转发他们的内容，借助他们的视角，以"他述"的方式传播中国形象。

列瓦达中心 2022 年 9 月的民调结果显示，俄罗斯青年群体对中国的正面评价占比高达 95%（见表 6-1）。这一数据结果离不开俄罗斯在华留学生的支持和努力，他们一直积极借助新媒体渠道，向俄罗斯社会传达自己对中国的认知和体验。2018 年，来自俄罗斯圣彼得堡的青年导演艾丽莎·帕什科娃受邀参加"看中国"青年项目，以"贯通"为主题拍摄短片，从"桥隧之都"重庆的城市建设与发展中找到了中俄两国文化之间的相同之处，让更多俄罗斯人透过镜头看到了中国的新发展。俄罗斯小伙德米特里·多罗宁自 2013 年来中国求学至今已有十年时间。一开始，他主要是被中国快速发展的经济所创造的个人发展和职业成长机会所吸引。后来，他开始用视频记录自己在浙江农村朴实、地道的乡村生活，比如放牛、喂鸡、包饺子、榨菜籽油、做豆腐、做玉米糊、做梅干菜肉饼。疫情期间，他在浙江丽水乡村用短视频记录了上百个中国乡村生活场景，以视频直播的方式向俄罗斯网友介绍当地的特色农产品，获赞超千万次，并通过直播带货的方式帮助当地村民出售橙子、蜂蜜、红薯和其他当地农产品，收获了超百万的粉丝。俄罗斯青年罗维卫毕业于清华大学，曾获汉语桥冠军。作为中国观众圈子里的"名人"，他参与中国节目录制，用流利的汉语向直播间的中国粉丝分享学习心得，向俄罗斯青年一代介绍中国抗疫故事，让不少俄罗斯青年进一步关注中国当代发展。

表 6-1　俄罗斯民众对华态度的年龄分布比例表 [1]

	有好感	没有好感	很难回答
18～24 岁	95%	3%	2%
25～39 岁	88%	5%	7%
40～54 岁	86%	6%	8%
55 岁及以上	88%	4%	8%

　　无论是中国还是俄罗斯的传播主体,单靠个体的力量仍然远远不够。还需建立和健全国际传播领导机制,提高相关部门、社会机构的国际传播意识,统筹用好当地的中央媒体、国际媒体、社交媒体、智库、高校、驻外使领馆、旅游部门、文化单位、跨国企业、"走出去"企业等各方面的资源力量,完善外宣、文化、旅游、教育、环保、体育等多个部门的联席工作机制,加强各部门的统筹协调。例如,中国驻俄机构应善于利用地缘优势、媒体属性优势,加强与驻在地国际组织、媒体机构、智库知名人士等的合作,以新闻采访、合作拍摄、联合推广等为切入点,不断拓宽、深化、巩固合作关系,广泛积累人脉资源,积极融入当代主流机构和主流人群,提升话语权和影响力(江和平,2022)。在国际传播的招标、研究和公关活动等多个环节中,可引入市场和社会力量,让市场在资源配置中起到决定性作用,将政府外交、国际会议、跨国旅游、合作项目、教育交流、学术研究等一切涉及国际文化信息传播的行为都纳入国家传播的框架,让各类市场主体和社会组织成为国际传播大格局中的新力量,鼓励它们积极参与国际传播工作,形成国际传播利益共同体,使民间力量与官方力量互相配合,实现国际传播工作的群策群力(于运全等,2020)。

　　习近平总书记所倡导的"构建人类命运共同体"理念为后疫情时代的国际交流合作指明了方向,也为各主体参与国际传播、构建国家形象提供了政策支持与发展动力。当前,世界百年未有之大变局进入加速演变期,中华民族伟大复兴也进入了关键时期。新的时代大势造就新的传播环境,我国的国际传播工作面临前所未有的发展机遇和最大压力,亟须各方传播主体同频共振、共同发

---

[1]　参见：https://www.levada.ru/2022/09/06/otnoshenie-k-stranam-i-ih-grazhdanam/。

力,以提升中华文化国际影响力为长期目标,将新闻舆论、文化传播和人脉建设有机结合起来,讲好中国故事,传播好中国声音,展示好中国形象。

第二节　深化融合传播,拓宽中国故事传播渠道

2018 年,伴随着 5G 在一些国家开始商用,全球 5G 发展大幕拉开。5G 对全球传播生态的颠覆与重塑不断增加融合传播的深度和广度。一方面,5G 以其技术能力构建起“万物皆媒”的内容生态,在渠道层面催生新的媒介形态,将物赋予媒介属性,使物成为新的公共信息传播者。过去的平面媒体变为立体媒体,二维信息变为多维信息,5G 通过重新定义终端、重新定义内容而重新定义了媒体。另一方面,5G 以其融合能力构建起“万物互融”的媒介生态,形塑新的媒介环境。融合传播发展至今,已基本实现了媒介形态、媒体业务、传播渠道、传播内容等的初步融合。全时空传播、全现实传播、全连接传播、全媒体传播,被认为是 5G 时代即将为人类传播带来的颠覆性变化。“现实空间与虚拟空间深度融合,计算与通信、媒体与技术、人与技术合二为一,传受主体、传播内容、传播环境高度融合,从而推动媒体融合向真正的社会融合演进”(姜飞等,2020:9)。

在互联网时代,国际传播的渠道呈现多元化发展态势。加强媒体融合发展是我国掌握国际舆论主导权、占领对外传播制高点的重要途径。讲述和传播中国故事亟须加强媒体深度融合。5G 时代的融合传播主要体现在以下两个方面:一是媒体形态的融合,二是媒体机构的融合。

一、媒体形态融合

如今,中国的视频社交呈现出强劲的发展态势。在社交平台上,以短视频、视频播客(Vlog)、直播为主打的视频形态逐渐增多。视频形态也在不断拓展。其中,Vlog 的崛起尤为引人关注。Vlog 在 2018 年发展成为短视频产业的新

风口，随后 bilibili、抖音流量平台相继布局 Vlog。2019 年，主打内容精品化的 Vlog 借助微信、微博等社交媒体实现了从小众化到社会化的发展，就连《人民日报》和中央广播电视总台这样的主流媒体也开始探索"Vlog+ 新闻"的业内实践。中央广播电视总台新闻节目主持人康辉在跟进采访习近平主席出访希腊、巴西时，以"康辉 Vlog"的形式在国内微博、bilibili 等社交平台发布新闻视频，多次登上热搜，收获众多粉丝喜爱。尽管 Vlog 在国内社交平台发展迅速，但是根据我们对俄罗斯 VK 网的考察，除"中俄头条"等极少数中国主流媒体账号外，使用 Vlog 报道中国的形式并不普遍。信息化时代，媒体形态日新月异，仅靠简单的文字、图片等形式发布新闻等信息，早已无法满足俄罗斯民众强烈的求知欲以及对符号资源的多样化需求。新兴媒体形态在俄罗斯社交平台的创新与融合已经成为迫切之需。

除 Vlog 外，短视频等视觉媒介因具有低语境化的特点，也有益于海外公众对内容的理解与接受。作为短视频产业头部产品的抖音和快手早在 2017 年就已经布局海外业务，如今，抖音海外版 TikTok 已经发展成为超级 App。根据 App Annie 发布的数据，截至 2020 年 6 月，TikTok 已经稳居全球应用下载榜榜首。TikTok 对海外年轻用户巨大的吸引力也使不少海内外新闻媒体开始思考如何将新闻与短视频相结合。中央广播电视总台视频社交平台"央视频"的上线，人民日报社短视频聚合平台"人民日报 +"推出，中央广播电视总台《新闻联播》相关短视频栏目《主播说联播》入驻抖音、快手等短视频平台，都是中国主流媒体在国内实现媒体形态融合与拓展的全新尝试。其中，"央视频"在内容上依托总台视频资源、品牌节目大 IP、知名主持人等，并联合"央视频号"进一步拓展内容生态。"人民日报 +"致力于打造自主可控的短视频旗舰平台，以焦点图、信息流、话题等展现形式为用户提供海量、优质的视频和直播内容，让用户能够及时获取重要、权威的视频资讯。在本章开头部分我们已经指出，TikTok 作为俄罗斯用户量增长最快的社交媒体，在俄罗斯的受欢迎程度已经超过了脸书、推特等国外老牌社交软件。未来，我们需继续保持短视频平台在俄罗斯的良好发展态势，积极满足俄罗斯受众需求，把握俄罗斯社交平台特点，把国内传播的有效实践进一步应用于对俄传播，探索中国主流媒体在海外社交平台发展新闻短视频的方式，抛弃过去居高临下的大众传播姿态，尝试挖掘自己创造"严肃娱乐"内容的潜力，以一种更加年轻态、个人化的传播方式在俄罗斯社交平台开辟全新的新闻话语表达风格。

二、媒体机构融合

媒体机构的融合包含三个方面，分别是传统媒体与新媒体的融合，国内媒体平台的融合，国内媒体平台与国外媒体平台的融合。

近些年，新媒体技术的快速发展深刻影响了人们的学习、生活和娱乐方式。讲述中国故事，单靠传统媒体已经不能适应时代的发展。运用新媒体讲述和传播中国故事具有形式新颖、互动性强、传播快捷、影响力大等特点。为此，一方面，我们要加强运用新媒体讲述和传播中国故事的能力，积极发挥新媒体在对外传播方面的优势，创建自己的传播中国故事的新媒体平台，搭建新媒体多渠道矩阵，善用、巧用新媒体讲好中国故事。另一方面，我国的传统媒体也要重视新媒体客户端的运用开发，善于借助新媒体的传播手段提升对外传播实效。在推动传统媒体和新兴媒体融合发展的过程中，我们需掌握三个原则，一是既要遵循新闻传播的规律，也要适应新媒体发展的要求；二是要善于利用互联网技术，让传统媒体与新兴媒体优势互补、协同发展，进而有效增强中国故事的国际传播力；三是要建立和完善传统媒体与新兴媒体讲述和传播中国故事的合作和联动机制，进一步丰富中国故事国际传播渠道，让传统媒体与新兴媒体相互支持、共同发声，共同讲述和传播好中国故事（张铤，2019）。

当前，大数据和人工智能技术讲究数据的互联互通，但国内媒体平台之间仍然存在数据孤岛现象，内容和数据资源难以共享。因此，在国内媒体平台的融合上，我们应着力打通主流媒体内部的内容资源，推动国内主流媒体的各部门之间实现互联互通，以充分发挥内容和资源的整合力量。

新媒体时代，传播平台多样化，国内媒体不仅要利用好自有平台，维持传播生态的内在平衡和良性发展，还要有效应对外部环境的发展变化，不断拓展外部平台，才能实现传播效果的最大化。这正是中国传媒从 20 世纪 70 年代末开始积极推进国际合作的目的所在，也是从 2001 年大力推进广播影视"走出去"后开展国际传播能力建设的初衷。合作传播是国际传播的一种有效方法，积极探索合作传播路径，创新国际合作模式，拓展国际合作渠道，借筒传声、借船出海，在平台共建、联合制作、渠道推广等方面不断开拓实践，可以有效促进国内外传播生态的信息场域实现交融与转换，从而在信息供给、新闻话语、内容制作、市场运营、产业发展等方面逐渐实现内外平衡。

2019 年 10 月，在第四届金砖国家媒体高端论坛上，来自金砖五国 55 家主流媒体机构的近百名代表共同发表了《金砖国家媒体高端论坛行动计划（2019—2020 年）》，提出金砖国家媒体应深化合作传播，以打破西方对抗性零和博弈的惯性思维模式，提升"人类命运共同体"全球秩序观的价值与国际影响力。在抗击新冠肺炎疫情期间，中央广播电视总台在中国战"疫"报道中积极加强与全球主流媒体的合作，包括美国福克斯新闻台、英国广播公司、英国第四频道、意大利 TGCOM24 电视台等全球多家主流媒体与总台记者"连线"合作，向全球受众"全方位、零时差、透明化"介绍中国在抗疫物资绿色通道设置、救治医院搭建、普通民众防护准备、复工复产等方面的经验，传递全球团结合作共战疫情的声音。[1]2020 年底，腾讯视频海外版 WeTV 与马来西亚媒体巨头 Media Prima 正式达成独家合作，为马来西亚观众提供更加丰富的本地化试听内容与视听服务。[2]由此可见，建立全球媒体合作机制，加强全球媒体合作报道，既可提升媒体的信息共享能力，也可提升全球受众的"在场感"信息获取能力。

中俄关系呈良好发展态势为中国媒体在俄发展提供了广阔的机遇。中俄两国共同出台了系列政策，助力两国媒体合作，进一步促进了中国驻俄媒体的发展。2006 年以来，中俄连续举办国家级"主题年"活动，推动两国的人文交流，尤其是在 2016—2017 年举办的"中俄媒体交流年"期间，两国媒体的合作力度再次得到加强。自 2015 年举办的"中俄媒体论坛"也为两国媒体的交流合作提供了一个重要的机制性对话平台。2017 年，人民日报社与俄罗斯塔斯

---

① 参见：https://www.sohu.com/a/370090440_115239；https://world.huanqiu.com/article/3xG8ju99xCC。

② 参见：https://baijiahao.baidu.com/s?_id=1684398771189503326&wfr=spider&for=pc。

社签署协议,双方以平等互利为基础,在相互报道、联合采访、媒体融合发展、代表团互访、人员交流和培训等方面开展广泛合作,共同增进两国人民的相知互信,为中国全面战略协作伙伴关系发展营造良好的舆论氛围。[①]2018—2019年是"中俄地方合作交流年",在此期间,中国海南省与塔斯社正式签署《海南省人民政府俄罗斯国家通讯社——塔斯社宣传文化合作协议》。塔斯社作为俄罗斯正部级中央新闻机构,在俄罗斯政界、商界、学术界都拥有广泛的人脉资源。海南省通过与塔斯社合作,在俄罗斯主流媒体官网开设宣传专区,积累与俄罗斯主流媒体打交道的经验,以改善其外宣渠道缺乏、外宣力量薄弱的问题,为接下来与更多国家主流媒体合作提供了有益的探索。目前,中国主流媒体已和俄罗斯"第一频道"电视台、"今日俄罗斯"电视台、塔斯社开展了广泛的合作,在中俄节目联合制作、合拍纪录片等方面取得了一系列成果。中国国际电视台俄语频道、中央电视台等已由电视频道向多媒体编辑部转变,形成了电视、官网、社交平台一体化的融合传播模式。其中,中国国际电视台俄语频道在脸书、推特、油管等海外主流社交平台已吸引了数百万粉丝关注(张严峻,2021)。新形势下,我们应进一步创新、拓展媒体传播路径,打通传统媒体与新媒体融合渠道,利用自媒体的交互功能,让传播者与俄罗斯受众形成互动沟通,进一步融合对俄媒体传播平台,借助俄罗斯社交平台拓展中国形象对俄传播的影响力。

第三节 丰富中国故事传播内容,提升对俄传播质量

习近平总书记指出,要在构建对外传播话语体系上下功夫,在乐于接受和易于理解上下功夫,让更多国外受众听得懂、听得进、听得明白,不断提升对外传播效果。[②]要采用贴近不同区域、不同国家、不同群体受众的精准传播方式,

---

① 参见:http://politics.people.com.cn/big5/n1/2017/0705/c1001-29383157.html。

② 参见:https://baijiahao.baidu.com/s?_id=16280621810341 38166&wfr=spider&for=pc。

推进中国故事和中国声音的全球化表达、区域化表达、分众化表达,增强国际传播的亲和力和实效性。[①]江和平(2020:58)在提到中国媒体的国际传播时也指出,国际传播的内容应当体现"三个贴近":贴近中国实际,体现真实、立体、全面;贴近国际关切,不要自说自话,否则传播效果会大打折扣,甚至背道而驰;贴近国外受众,认真研究海外受众的兴趣点、诉求点。

既往研究经验表明,优质内容对传播效果起着决定性作用,但是目前,我国的国际传播"精耕细作"水平还不够高,还未能完全具备将中国话语体系和中国表达方式根据不同国家和地区的具体情况以及在不同的场景和情境下进行深度加工和区别对待的能力。赵新利、张蓉(2014)也指出,中国的国家叙事偏重对内层面,对外的国家叙事投入不足。虽然国家叙事的文学、影视作品有一部分也传播到了海外,但其影响范围十分有限。习近平总书记强调,在对外宣传时要"讲好中国故事"。在这种背景下,加强针对海外的国家叙事活动,促进国家形象的故事化传播,推动中华优秀传统文化主动"走出去",是十分必要的。

一、促进国家形象的故事化传播

国家叙事与国家形象密不可分,讲故事是国际传播的最佳方式。党的十八大以来,习近平总书记在全国宣传思想工作会议等场合多次对讲好中国故事、传播好中国声音提出要求,强调讲好中国故事是外宣工作的基本方法,要主动讲好中国共产党治国理政的故事、中国人民奋斗圆梦的故事、中国坚持和平发展合作共赢的故事,让世界更好地读懂中国。党的二十大报告再次提出,加快构建中国话语和中国叙事体系,讲好中国故事、传播好中国声音,展现可信、可爱、可敬的中国形象;加强国际传播能力建设,全面提升国际传播效能,形成同我国综合国力和国际地位相匹配的国际话语权[②]。

中国在经济、军事等领域的"硬实力"增长迅速,"软实力"的发展却相对滞后。尽管在中央高度重视和现实需求强烈的背景下,国家叙事与中国形象的

---

① 参见:https://www.ccps.gov.cn/xtt/202106/t20210601_149010.shtml。

② 参见:http://www.gov.cn/xinwen/2022-10/25/content_5721685.htm。

故事化传播获得较快发展,对外传播领域的故事化传播也得到越来越多的重视,但是,在实践层面,故事化传播方式并没有得到普遍的应用。尤其是新媒体的出现颠覆了传统的信息传播模式,信息的"碎片化"让生硬晦涩的政治理念无法有效传播,人们更倾向于接受趣味化、故事化的信息。尤其是在当今的5G时代,"Z世代"已经成为占全球互联网用户比例最高的群体,其价值观、全球观的形塑和表达已经嵌入娱乐化的日常生活中。因此,提升国际传播效能,也要求我们突破基于强效果导向的单一的政治说服框架,逐步丰富面对差异化多元群体的跨文化对话能力,实现"以文明交流超越文明隔阂、文明互鉴超越文明冲突、文明共存超越文明优越",共同应对各种全球性挑战(肖珺,2022:74)。

赵新利、张蓉(2014)曾举过这样的例子,我们常说要塑造"富强、民主、文明、和谐"的中国国家形象,然而,"富强、民主、文明、和谐"都是抽象的词汇,在对国外受众进行国家形象宣传时,我们不能通过大段大段的政治理念来表达,而是要把这些抽象词汇进行具体化,将其融入中国故事中。中国媒体在对俄"自塑"中国形象时,往往对俄罗斯国情、俄罗斯民族特性等缺乏关注,在政治、思想或意识形态领域内的话语表达时常与俄罗斯社会现实产生脱节。在关注影响中国发展的重大事件之余,文化、趣闻、社会生活等软性主题更能打动他们。因此,中国的国家叙事必须告别单纯依靠"高、大、全"与"催泪"式宣传的传播模式,开发具有本土特色的概念表述和话语体系,在报道内容、报道视角和情感表达方面找到俄罗斯社会能够接受的方式,多讲"别人想听的故事",而不是讲"我想讲的故事",以海外受众感兴趣的"小话题"作为切入点,以个人为叙事主体,通过不同的文化生产机制,不断挖掘"集体记忆",进而塑造特定的文化认同观,讲述有真实情感的中国故事(张伦,邓依林,2022:169)。

赵新利、张蓉(2014)按照范围大小进一步将故事分为三个层面:个人故事、地方故事和中国故事。其中,个人故事是中国故事的细胞,要讲好个人故事。地方故事是中国故事的组成,要将地方故事进行纵向和横向的细分,结合受众特征进行差异化传播。个人故事与地方故事汇聚成中国故事。反过来看,中国故事又是由不同的人物、情节和场景构成的,这些人物分布在不同的社区中。因此,中国故事会有不同的具体诠释,具体到不同地域,也就是地方故事。

根据上述三个故事层面,我们在对俄传播的内容方面应更加具体化和立体化,将中国故事对俄传播的纵向框架(国家故事—地方故事—个人故事)与横向框架(中国政治故事—中国经济故事—中国文化故事)相结合,从事实、形象、情感、道理多个角度讲好中国共产党和中国人民的故事,向俄罗斯展现真实、立体、全面的中国。

中国故事的国际传播效果最终是由国际公众的接受情况决定的(赵莉,2018)。但是,张钲(2019)指出,当前中国故事传播依然缺乏对不同国家和地区受众特点的分析,忽视了国外受众的接受心理和兴趣偏好,未能有效开展国际分众传播,导致有些中国故事讲述效果不够理想。因此,在对俄讲述中国故事时,我们应更有针对性,加强对俄罗斯受众的调查研究,把握讲述对象的群体差异、区域国别差异,制定"一国一策"的国际传播方案,采用符合俄罗斯受众信息采纳习惯的叙事模式,并及时调整和优化故事传播策略,提升中国故事对俄传播的精准性和实效性。我们还需注意的是,中国的全面对外开放既是历史大格局,也是传播工作的立足点,因此,对内报道和对外传播要有统一的大局观。在具体工作中,鉴于对内报道和对外传播的渠道、受众(用户)都有明显差异,需有针对性地调整内容和语态,处理好"全面和客观认识中国以及世界"的辩证关系。

二、推动中华优秀传统文化的对俄传播

在新时代国际传播工作中,文化传播是更基本、更深入、更具持久力的传播,是提升一个国家影响力、感召力的基本所在,也是国与国、城与城、人与人交流最广泛的语言。在人类历史上,很少有哪个民族能像中华民族一样,文化传承如此长远和深厚,根深叶茂、愈发繁盛。中国文化的独特性,是中国走向世界的特殊名片。因此,如何让中华民族优秀传统文化"走出去",用对象国喜闻乐见的形式传递中华文化的内核是值得我们思考的问题。

中华文化"走出去"战略是我国21世纪之初就已提出的文化建设方针。党的十八大以来,文化工作在思想宣传工作中的重要性愈发凸显。在文化全球化和融媒体时代背景下,对外表达关乎国家形象和声誉,已经成为国家软实力

的重要组成部分。自十八大以来,习近平总书记对提升中华文化的影响力有许多重要论述,为做好中华传统文化的国际传播提供了理论依据。中华优秀传统文化是中华文明的智慧结晶和精华所在,是中华民族的根和魂,是我们在世界文化激荡中站稳脚跟的根基,构成我们最深厚的文化软实力。想要讲好中国故事,展现真实、立体、全面的中国,提高国家文化软实力,离不开对中华优秀传统文化进行有效的国际传播。因此,从国际传播的内容上看,我们需要挖掘优秀传统文化的精神标识以及优秀传统文化中具有当代价值、世界意义的文化精髓,推动中华文明的创造性转化与创新性发展,激活其生命力,让中华文明同世界各国人民创造的多彩文明一道,为人类提供正确的精神指引。换言之,要坚持中国的灵魂,运用世界的风格,搭建多元的平台,针对细分的受众,培养融通中外的传者,推动中华文化"走出去"。

习近平总书记在 2019 年 5 月 15 日亚洲文明对话大会开幕式上的主旨演讲中也专门提到,中国愿同有关国家一道,实施亚洲经典著作互译和亚洲影视交流合作计划,帮助人们加深对彼此文化的理解和欣赏,为展示和传播文明之美打造交流互鉴平台。

近年来,在线影视剧、网络文学、音乐、短视频等数字文化走向海外捷报频传。从《开端》《海上牧云记》《长安十二时辰》等多题材国产影视剧在国际主流媒体网站热播,到古典仙侠、东方玄幻、都市生活、虚拟网游等风格的中国网络文学作品在海外多国走红,中国的数字文化作品以稳增的输出数量、多元的创作类型和质量突出的排头作品培养了一定规模的海外市场。中国数字文娱产业的发展在一定程度上也代表着潜力中的中国的文化自觉和文化自信。目前,中国数字文娱产业的各个模块已日趋成熟和完善,竞争力逐渐增强,通过数字技术的赋能,跨越文化交流的鸿沟,让中国文化成为破解文化差异的"钥匙",为整个产业构造全新的更具生命力的生态产业链。[①]

1. 中国影视作品传播

相比于新闻报道、信息资讯等官方严肃、热衷于宏大叙事的"硬新闻",展现中国风土人情、历史地理的音乐影视、纪录片、娱乐综艺等软文化更易于融入

---

① 参见:https://finance. huanqiu. com/article/45zw40RslyQ。

海外公众的日常生活。

从近年来中国电影产业相关政策来看,中国政府已逐渐意识到影视在跨文化传播和公共外交中的重要作用。2023 年 1 月 23 日至 28 日,中国电影节"相约俄罗斯"在莫斯科举行。电影节集中展映了近年来中国优秀电影的代表作品,包括张艺谋执导的《悬崖之上》、七位导演联合执导的《我和我的祖国》、陈传兴执导的《掬水月在手》、杨宇执导的《哪吒之魔童降世》和郭帆执导的《流浪地球》等。这些影片类型多样、题材丰富,在中国电影市场上都有着较好的口碑。通过这些代表性中国影片在电影节上的集中放映,可以让俄罗斯人更好地认识中国及其文化,了解到中国的历史,从而进一步加深中俄两国人民的友好关系。

除电影作品外,国剧出海同样捷报频传。《生活启示录》《鸡毛飞上天》《小别离》等现实题材佳作在海外多国走红,《甄嬛传》《琅琊榜》《长安十二时辰》《在一起》《老酒馆》《三十而已》《庆余年》《以家人之名》等电视剧在国际主流媒体网站热播,都获得了良好的传播效果。《命中注定我爱你》《太子妃升职记》《我可能不会爱你》等剧集还被多个国家翻拍。截至 2020 年 8 月,上线仅 2 个月的网络综艺节目《乘风破浪的姐姐》在油管平台的浏览量就已超过 50 万。

国产电视剧《开端》在俄罗斯视频网站热映后,也获得了极大好评,反响强烈。紧凑的节奏和悬疑剧情让俄罗斯观众欲罢不能,但更打动他们的是剧中小人物角色背后缓缓涌动的中国情感和中国温度,这也为俄罗斯民众更加全面、客观了解中国和中国人民打开了一扇新的窗户。目前,该剧在网上已经可以看到俄语、印尼语、日语、泰语、西语、英语等多种语言的海报,且韩国已经购入了版权。俄罗斯中文网和 VK video 配有字幕的原声视频都已上线。俄罗斯网友在视频网站发布了评价很高的留言。部分评价内容如下:

Слушайте, ну круто! Затягивает с перых серий, а дальше разгоняется, разгоняется и появляются новые и новые повороты сюжета, напряжение растет, особенно 7–8 серии, ух! Прям вот... Классно!

Да временные петли, я думала, что запутаюсь, но нет, все легко и логично сняли, сценаристам плюс. Диалоги хорошие, когда начинается показ чего-то на твой взгляд скучного, то сценарий быстро это раскрывает и ты такой "вау, тягомотивы правда что ли не будет?" Видимо формат 15 серий дает о себе знать.

Романтики здесь нет, не ждите, ну какие-то чудок намеки, но не более. Хотя я на 13-й серии из 15, может еще и добавят. Но с таким развитием сюжета вот она тут вообще не нужна.

看，这真是太棒了！从最初的几集开始，它就令人上瘾，剧情十分紧凑，出现了新的情节转折，紧张感增加，特别是7～8集，哇！这……很好。是的，时间循环，我以为我会感到困惑，但没有，一切都是合乎逻辑的拍摄，对编剧来说是一个加分项。剧本很好，当你认为无聊的东西开始显现时，剧情很快就揭示了它，你会觉得，哇，这并不无聊。我想15集完全可以明白这个剧情。这里没有浪漫，不需要等待，有些线索，但仅仅是一些（虽然我已经看到了第13集，可能还会继续看），但随着这里的情节发展，我觉得不需要。

Нифига себе! Не затянуто, без пищащих тупых девочек, с ненавязчивой романтической линией и просто таки отличной актерской игрой. Даже если концовку сольют, я не сильно расстроюсь, потому что за одно старание стоит поставить 5 звезд. Сюжет не блещет новизной, но зато его подача весьма радует. Каждый герой, включая второстепенных, раскрывается постепенно и полно, их истории жизни простые и одновременно глубокие. Очень жду сабы и развязку всей этой замечательной истории. Дорама однозначно идет в любимые.

哦，天哪！不拖沓，没有尖叫蠢女孩，有一条不引人注意的爱情线和出色的表演。即使最后烂尾了，我也不会太失望，因为光是努力就值得给它5颗星。剧情并没有什么新鲜感，但它的呈现却很讨喜。每个人物，包括小人物，都被逐渐充分地揭示出来，他们的生活故事既简单又深刻。我真的很期待这个精彩故事的隐藏线和结局。这部戏剧肯定会成为我的最爱。

其实，正如俄罗斯网友所评论的，《开端》并不只是像部分其他相同题材国产剧一样秀脑洞、炫悬疑，它真正动人的是在一个并没有多么曲折烧脑的故事背后，缓缓涌动的中国情感和中国温度。尤其是剧中老焦这个角色所代表的正是在大城市努力奋斗的普通人，他们都是带着对孩子最深沉的爱可以不顾一切地付出，为了一点可能的奖金即使害怕也要冲在第一线。他们不够完美，并非道德无暇，却非常真实，更容易引起俄罗斯民众的共情。

近年来，中国国际电视总公司凭借其多年节目发行经验，针对不同国家地区、不同文化背景挑选出一系列既"对口"又"对味"的节目，制定发行和包装策略，不断向海外观众输送中国优秀影视作品，用心、动情地讲好中国故事，为海外观众了解全面、立体的中国打开了一扇窗。例如，由中国国际电视总公司独家海外发行的国产电视剧《海上牧云记》曾于 2020 年 11 月至 2021 年 7 月在意大利国家广播电视公司影视频道 Rai 4 黄金档首播，并同期登录该公司新媒体平台 Rai play，凭借精良制作和东方美学特色，已经"圈粉"到欧洲大陆。

《海上牧云记》改编自网络作家今何在的同名作品。剧中故事发生在奇幻缥缈的九州大陆上。宏大的"九州"世界观建构和多条故事线并进的群像式人物命运，共同交织成这部东方魔幻史诗。该剧一方面通过精湛的制作将东方美学氛围感拉满，另一方面通过本土化"嫁接"，引发受众在情感上的共鸣。在制作方面，《海上牧云记》历时两年的精心打磨，大到宏伟"瀚州"的场景呈现，小到一件兵器花纹的雕刻，都足以窥见主创团队的用心。从北京、新疆、浙江象山到日本京都、奈良，从沙漠、雪山到草原，摄制组辗转多地取景拍摄，只为真实复原九州各地的不同风貌。从概念设计到道具制作，每一个环节都尽力还原。从镜头把控、场景构图到色彩搭配，都体现出极致风格的美学，兼具古典与魔幻。除了精美的制作外，优质的"本土化"也是该剧的一大亮点。意大利翻译团队尽其所能地还原了对白的古朴风格，众多资深配音演员加盟创作。意大利国家广播电视公司资深主编罗贝塔·巴拉利尼在介绍该剧的译配过程时曾提道，"我们要做的是尝试让人们进入剧中的幻想世界，同时又最大限度地保持作品原本的气质。"《海上牧云记》让海内外观众看到，即使在欧美等西方国家，中国电视剧也是可以有剧情、有演技、有颜值、有意义、有口碑、有收视率的。

国剧成功"出海"，"China Zone"可谓功不可没。由中国国际电视总公司开办的"China Zone"是油管最大的中国影视节目频道之一,成为国剧出海的崭新航道。在"China Zone"《海上牧云记》的观摩研讨会上,多位行业专家还以该剧的良好播出效果为案例,深入研讨了近年来中国影视内容在海外的传播和发展。"China Zone"助推国剧漂洋过海,也向全球观众传递出这样一则信息:去欣赏更多元化的影视作品,不要受到刻板印象的影响,应当用心感受中国的文化。

开设优质文化项目,影视作品中外合资是推动海外受众理解认同中国影视文化的出口之一。中国影视作品在其他国家的成功传播案例,也可为优秀影视作品的对俄传播提供借鉴。中国相关影视机构也可开设优质文化项目,积极邀请俄罗斯的电影人、影视公司与国内影视公司达成合作。同时,由于影视作品的选择与接受具有国家和地区差异性,不能进行千篇一律的传播,因此,要想让文化产品出圈,还需加强对俄罗斯受众群体的特征研究。综艺节目、网络小说、影视剧、硬核知识类等文化产品在俄罗斯拥有大量受众群体,需要利用大规模深度调查与大数据分析等相关检测与分析方法,精准考察俄罗斯受众的信息需求与喜好倾向,结合社交媒体平台所建立的互动反馈机制,及时调整媒介话语内容传播策略,有针对性地提供相应内容,塑造对话性。

2. 中国文学作品传播

文学作品是文化的重要载体,它的海外传播是人们喜闻乐见且效果持久的文化交流方式,也是塑造国家形象和传播文化影响力最重要的工具。

2015年,刘慈欣凭借科幻小说《三体》三部曲获得世界科幻大会雨果奖,成为首位问鼎这一殊荣的亚洲作家。刘慈欣的《三体》可以称作是中国科幻文学的里程碑之作,有效地改变了中外科幻作品长期以来单向流动的局面,是我国优秀文化成果走出去的典范。同年,由俄罗斯科幻小说翻译家和评论家苏哈诺夫(Илья Суханов)翻译的《赡养上帝》(Забота о Боге)发表在俄罗斯文学杂志《科幻世界》(Мир фантастики)上,这是刘慈欣的作品首次被译介到俄罗斯,也是中国现当代科幻作品在俄罗斯的首次进军。2016年,《三体》的俄文版首位译者格鲁什科娃(Ольга Глушкова)参考刘宇昆的英译本进行翻译,非正式地出版了三部曲中的第一部《三体》(Задача трех тел)。最初印数5 000册,之后两年内又加印了1万册。第二部《黑暗森林》(Темный лес)则由翻译家纳卡姆拉（Дмитрий Накамура）参考美国乔尔·马丁森（Joel Martinsen）的英译本译成俄文，于 2017 年出版。第三部《死神永生》（Вечная жизнь стерти）于 2018 年出版，由上面两位译者合作完成，同时还邀请了汉学家克里斯科伊（Альберт Крисской）全程协助，以避免英译本中存在的错译漏译问题。2023 年 1 月，真人电视剧《三体》在国内开播后，俄罗斯社交平台同样引起了热议，并很快地就在俄罗斯搜索引擎 yandex. ru 上出现了带俄文字幕的版本，表明了俄罗斯民众对《三体》的浓厚兴趣。

刘慈欣的科幻作品中包含大量俄罗斯特有元素及俄罗斯式的叙事方式，使俄罗斯受众充满亲切感。他的作品在俄罗斯备受关注也与俄罗斯大众媒体的积极宣传有很大关系，其中，埃克斯摩出版社功不可没。埃克斯摩出版社是俄罗斯最大的出版社，俄罗斯每年的十佳畅销书中有数本都出自该出版社。在该小说的第一部俄译本问世后，埃克斯摩出版社就发现了这本译著的畅销潜力，并迅速取得该书的俄译权和出版权，于 2017 年 10 月在俄罗斯正式以纸质书、电子书及有声读物三种形式同时推出该小说的俄译版。《三体》三部曲在俄罗斯连续畅销几年后，埃克斯摩出版社又于 2019 年 10 月推出了《三体》全集。这不仅是对刘慈欣作品的肯定，也在很大程度上推动了《三体》在俄罗斯的传播。

刘慈欣的科幻作品具有强烈的中国文化基因，以文学的方式彰显出当代中国的实力与地位，在更加宽阔和深远的视野里传达着中国文化特有的道德观和价值观，同时也有助于俄罗斯民众通过文学作品了解中国这个短短数十年间就创造了经济奇迹的国家，因此它自然赢得了俄罗斯民众的关注和喜爱，其成功经验非常值得研究与借鉴。

近年来，中国网文出海更是进行得如火如荼。根据《2020 网络文学出海发展白皮书》，2019 年中国网络文学海外市场规模达 4. 6 亿元，海外中国网络文学用户数量达 3 193. 5 万。国内已向海外输出网文作品 1 万余部，覆盖 40 多个国家和地区。同时，其他的直播、TikTok、快手、歪歪也在不断出海，全球市场占有率极高。报告还称，"网络文学出海呈现了百花齐放、势如破竹的局面。人工智能加速网络文学出海规模化，助力好故事全球传播，中国网文迈入规模化

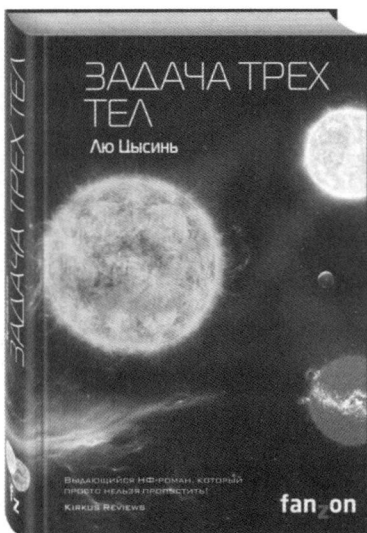

图 6-2 《三体》俄文版封面图

出海新时代"。①

　　2020 年 9 月 6 日,第四届中国"网络文学 +"大会"网络文学走出去"论坛在北京举行。推文科技联合国内 100 家重点文学网站及知名作家,共同推出网络文学出海开放平台"推文出海网"。"中国网文联合出海计划"正式启动,目标是在一年内实现 1 万部中文作品通过该计划翻译出海,第一期累计投入 1 亿元。该计划依托"推文出海网"人工智能翻译和分发系统,集中解决网络文学作品翻译难、出海渠道少等问题,通过快速翻译并一键分发到 50 多个海外平台销售,实现中国优质网络文学作品的全球数字出版。2021 年 5 月,中国网文联合出海计划 2.0 版报名通道开启。推文出海网筛选出首批 500 部中国网文优秀作品,免费翻译出版,推动 IP 国际化,助力中国好故事全球传播。②在国内,连尚文学、掌阅科技、纵横文学、磨铁阅读、咪咕阅读等 90 余家网文主流企业已经入驻 funstory 网文出海内容开放平台。人工智能为产业赋能,推动中国文学大规模出海。推文出海规模的不断扩大也标志着中国网络文学从内容输出

①　参见:https://finance. huanqiu. com/article/45zw40RslyQ。

②　参见:https://funstory. com. cn/。

向模式输出的转变,成为中华文化海外传播的新亮点。图 6-3、图 6-4 和表 6-2 分别为推文出海的海内外合作平台与覆盖国家情况,所有图片均来源于推文出海网官网。

图 6-3　推文出海的海外合作平台

图 6-4　推文出海的国内合作平台

表 6-2　推文出海的覆盖国家

美国	加拿大	巴基斯坦	印度	新加坡	肯尼亚
菲律宾	澳大利亚	意大利	印度尼西亚	墨西哥	阿联酋
巴西	秘鲁	阿根廷	马来西亚	法国	西班牙
泰国	土耳其	沙特阿拉伯	尼日利亚	南非	乌克兰
俄罗斯	哥伦比亚	智利	英国	德国	

"Rulate"是中国网络小说在俄罗斯传播的重要平台,是俄罗斯目前最有影响力的网络小说翻译网站之一,但是,中国不同题材网络小说在该网站从汉语直译成俄语的数量仍然比较有限。在中国网文规模化出海的新时代,我们应当借势而为,顺势而上,增加中国网络文学在俄罗斯相关网站的作品数量、作家数量与题材风格,利用人工智能解决翻译技术问题,积极扩大俄罗斯的用户规模和市场规模。

3. 中国游戏产品传播

如今,中国已经成为全球第一大手机游戏国家。2021年上半年,中国的自主研发游戏在海外的收入已经达到84.68亿美元,全年超越170亿美元。因此,除抢占新兴海外传播平台外,中国外宣媒体还可以根据不同海外传播平台特征与用户画像投放相适应的内容。例如,Twitch平台拥有庞大的用户基础和很高的市场价值,中国外宣媒体可基于平台极强的互动传播形式以及用户数据,选取以中国文化元素为背景的优质国产游戏,以游戏直播与游戏推荐的形式推广至该平台中。"以游戏为外壳、中国文化为内置元素的方式能够使海外玩家降低心理抵触情绪,沉浸到游戏故事情节中,从而潜移默化地理解中国文化"(张伦,邓依林,2022:172)。

总的来说,随着近年来中俄关系不断向纵深方向发展,俄罗斯民众对华好感度日益增加,中俄两国之间过去"官方热、民间冷""中央热、地方冷"的状态已经得到切实改善。今后,我们应该抓住中俄关系良性发展的有利时机,在政治、经济领域的合作之外,积极发掘中俄两国在科学、教育、文学、艺术、体育等多个领域的合作潜力,加快游戏电竞、在线影视剧及网络文学、动漫、音乐、短视频(直播)等数字文化对俄传播的步伐,在传播模式、评价机制、叙事体系、翻译质量等方面加强数字文化对俄传播的广度和力度,在内容供给和信息服务等板块全面对接和积极融入俄罗斯各类数字平台,尽可能为各类平台用户提供高质量的内容和精准化的服务,同时建立科学、专业、有效的评估机制,对传播活动实施情况、传播影响力和实施效果进行综合评估和比较,从而切实提升中华文化在俄罗斯的影响力。

Z世代已经成为未来移动互联网消费乃至智能媒体消费的一股重要力量,

在对俄传播工作中,我们也不能忽视这一潜在的用户族群。Z世代族群的大致出生时间被框定在1990年代中期至21世纪初期。他们成长在互联网的高速发展之下,因此又被称为网络世代、互联网世代。总体上看,Z世代的媒体使用习惯正在深刻改变新闻的生产和传播方式,同时影响内容的生产形态,从而推动传媒业的生产与传播模式经历一场结构性变革(史安斌等,2020:24)。因此,在对俄传播中,我们需要专门针对Z世代媒介接触习惯开展深入调研,认真研究俄罗斯青年的话语表达和思维习惯,使用俄罗斯青年受众听得懂、愿意听的话语表达方式,致力于打造更多轻松、有趣、年轻态的社交平台内容,增强这一代数字原住民的用户黏性。一方面,可增加文化类节目和自采新闻的比例,推动《国家宝藏》《中国诗词大会》等弘扬中国传统文化、展现中国文化魅力的节目在俄传播的力度和广度;另一方面,尽量贴合俄语表达习惯,避免汉语逻辑思维,不以单纯翻译稿件为主,而是更多考虑俄罗斯青年群体的接受度,多讲故事多举例,减少说教色彩(张严峻,2021)。

第四节　加强技术赋能,提升中国形象国际传播能级

人类历史上传播(特别是国际传播)的每一次飞跃,都建立在技术革新的基础上。传播发展的历史从某种程度上来讲就是技术革新的历史。"技术演进意味着传播的基础设施、终端设备、传播渠道、传播平台和内容形态的改进升级,技术的革新对传播具有决定性的意义和作用"(卢迪,邱子欣,2020:129)。

当前,媒体行业所处的技术环境正面临着前所未有的变革。5G、人工智能、4K和8K超高清、虚拟现实和增强现实技术等领域的先进技术综合作用都在重塑整个媒介发展形态,从而直接影响着内容采制、播出、分发等业务流程,也为我国的国际传播带来了新的发展方向和着力点。5G带来的最大机遇就存在于新媒体传播和"媒体融合"领域,技术标准的成熟度和应用场景的契合度决定了传媒和传播成为5G最先带动的垂直领域。中国5G等新一代信息技术的

发展成果不仅是国际传播的题材和资源,也是我国开展国际传播的坚实数字基建和最强技术优势。

5G 的快速发展已经带动了 5G 技术在传媒业的初步应用,通信技术驱动下的内容升级不断刷新。作为新一代移动通信技术,5G 技术具有"超高速率、超低时延、超大容量、超强连接"等特点,可以赋能远程和实时内容(刘滢,2019:80)。很多国际媒体平台都积极采用 AR、VR 和全景摄影等 5G 赋能的新技术创新故事讲述方式,降低使用门槛,优化用户的阅读和使用体验,鼓励用户参与使用、互动与生产。ABC、FOX 和 CNN 等国外主流媒体也都开设专用的数字频道,以沉浸式的方式播放新闻、体育和娱乐等内容,并且带动更多的新闻媒体投身于这一形式。2018 年底,中国中央广播电视总台开建首个国家级 5G新媒体平台;2019 年,中国首次成功实现 5G+4K、5G+8K 电视节目信号传输测试;中央广播电视总台"5G+4K/8K+AI"媒体应用实验室揭牌。国内的快手平台也致力于在清晰度、流畅度、亮度色彩、交互性四个维度提升视频的播放体验。2020 年 6 月,快手全景视频上线,相比于传统的 VR 视频,用户不需要昂贵的终端设备就能够随时随地体验到全景与沉浸式交互观看模式。[①] 由 5G催生的新应用正在源源不断地向传媒业输入更强劲的发展动力,从而引领国际传播迈入崭新的时代。

与此同时,积极引入人工智能技术,对传统新闻业进行流程再造,推动媒体"智能化"发展,已经成为海内外媒体界的普遍做法。人工智能在信息采集、新闻选题、新闻写作、新闻播报等方面的应用全面铺开,尤其是海外主流媒体,在人工智能编辑、自动化新闻、人工智能分析、聊天机器人、事实核查等方面都收获了诸多成功案例。

毫无疑问,5G 通信技术的出现,为向海外传播良好的中国形象提供了技术的支持和成长的土壤。5G 极高的速率、极大的容量、极低的时延为全球媒体融合与全媒体发展提供了载体,通过"在场感""代入感"和"陪伴感"的传播方式增强了全球受众的亲身体验感。"大数据 + 人工智能"技术同样从信息采集、内容生产、内容分发、内容风控、效果追踪、舆情监看等各个方面助力了媒体传

---

① 参见:https://baijiahao.baidu.com/s?_id=1701995217230631882&wfr=spider&for=pc。

播,使报道更加高效、精准和智能。

但是,与海外主流媒体相比,中国主流媒体的技术能力仍是弱项,需依赖其他技术资源,尚未形成自己的核心技术竞争力。中国的数字化、信息化基础设施,也就是新终端、新设备与新技术的对外输送能力,都还有待加强。在人工智能技术的媒体应用方面也仍显深度不够,人工智能在媒体融合转型中的动能尚未得到充分释放,尤其是内容生产与编辑、内容分发、人机协同、媒介运营管理、用户运营管理等方面都还存在不足(姜飞等,2020),还无法实现信息传播的产品和内容、硬件和软件全方位、全链条有机融合。鉴于国内主流媒体的技术能力普遍薄弱的现状,我们在打造先进的技术平台时,可考虑进一步深化与改革合作模式,一种方式是与先进的短视频平台企业进行深度合作,另一种方式是与先进的技术提供公司合作,让技术提供商提供基础的技术平台,个性化的应用则由自身的技术人员负责,从而弥补暂时的技术要素短板,加快自身的技术改造升级,最终形成自己的核心技术竞争力。

鉴于中国的国际传播还存在内容产品多元化不足、传播主体较为单一、传播对象不够精准、媒体产业化程度有待提升等问题(李宇,2019),在未来的国际传播场景中,可通过技术的进步,如 5G 的网络切片应用,来促进国际传播内容的精准化、灵活化、个性化和安全可靠性。网络切片技术能够针对国际传播的应用场景,有针对性地分配网络资源,组合网络能力,从而基于 5G 网络,虚拟出一个或多个端到端隔离的逻辑子网,满足不同应用场景下不同业务对于网络的个性化要求和差异化需求,对网络、安全、数据进行 QOS（Quality of Service,服务质量)管理(卢迪,孙明慧,瞿澜,2022)。

2019 年 1 月 25 日,习近平总书记在中共中央政治局就全媒体时代和媒体融合发展举行的第十二次集体学习中提出:从全球范围看,媒体智能化进入快速发展阶段,我们要增强紧迫感和使命感,推动关键核心技术自主创新不断实现突破,探索将人工智能运用在新闻采集、生产、分发、接收、反馈中,用主流价值导向驾驭"算法",全面提高舆论引导能力。[①]未来,传媒行业将持续出现传播新渠道、新终端、新手段,我们必须以数字思维和创新思维引领各项工作,着

---

① 参见:http://www.xinhuanet.com/politics/2019-01/25/c_1124044208.htm。

力强化技术研发和应用,提升技术整体水平和前沿技术应用,推动国际传播生态中技术要素的升级,同时加强人才队伍建设,开展国际传播业务能力培训,挑选和培养一批熟悉国际传播规律、有国际视野与政治担当、了解目标受众群体、精通外语和新技术的高素质国际传播人才投身到中国的国际传播事业当中,这样才能在国际传播中站稳脚跟、跟上时代潮流。

本章小结

新中国成立后,党中央根据国内外形势的需要,将"外宣"与"内宣"分立并重,初步奠定了中国特色对外传播事业的路线和基础。中国的国际传播也经历了起步、滞退、恢复、探索、发展和攀升等几个发展阶段。史安斌等(2019:27)对新中国对外传播事业获得发展和突破的几个层面进行了比较全面的总结:在工作目标上,推动从"求生存"到"促发展"再到"谋融通"的转变;在理念上,践行从"对外宣传"到"国际传播"再到"全球传播"的升级,逐步建立起中国特色社会主义对外传播理论和实践体系;在策略上,由"被动应对"转向"主动讲(故事)传(声音)",由"单向宣介"转向"复调传播";在体制上,促成从"单一主体"到"多元利益相关方"的转型升级,搭建起政府、企业、媒体、智库和社会组织等多方协作的战略传播格局;在渠道上,大力引入前沿科技和创新成果,完成了从"单一媒体"到"融媒体矩阵"再向"全程、全息、全员、全效媒体"的更新迭代。

回首 2022 年,中国成功举办北京冬奥会、冬残奥会,隆重庆祝香港回归祖国 25 周年,天宫空间站全面建成,第三艘航空母舰下水,C919 民用飞机投入试运营,科技创新取得系列成就。中国巨轮承载着全中国人民的梦想,向着中华民族伟大复兴的宏伟目标扬帆起航,破浪前行。但是,从国际环境角度看,当前以美英为首的发达国家占据信息生产、传播和技术制高点的"西强我弱"的全球信息传播整体态势仍未根本改变,以中国崛起为动力的全球秩序转移能否推动全球化进程从美国主导时期弱肉强食的"丛林法则"走向"后美国时代"的人类命运共同体，在一定程度上取决于国际传播挖掘、阐发、推广以"共同发展"为理念的国内外实践(洪宇,2019:66)，这仍然需要中国多元化的传播主体共同参与，以技术赋能，不断拓展国际传播的广度和深度，加强国际传播人才队伍建设，积极构建讲好中国故事的国际传播新格局。

后　记

　　习近平总书记在提及中俄关系时曾指出，中俄双方应该始终坚守合作初心，保持战略定力，加强战略协作，坚持互为发展机遇、互为全球伙伴，努力为两国人民创造更多福祉，为世界注入更多稳定性。在2022年11月11日的外交部例行记者会上，当俄罗斯塔斯社记者问及中俄关系的发展前景时，时任外交部发言人赵立坚是这样回答的：中俄关系坚如磐石。作为彼此最大邻国和新时代全面战略协作伙伴，中俄双方始终秉持不结盟、不对抗、不针对第三方原则，在相互尊重、平等互利基础上发展两国关系和各领域合作。中俄关系长期保持健康稳定发展主要基于两国间的高度互信和强大内生动力。中方始终愿同俄方一道，推动两国关系在和平共处五项原则基础上发展友好合作，推动构建新型国际关系，促进大国协调和良性互动。

　　发展对俄关系一直是中国外交政策的优先方向，向俄罗斯传递中国声音、讲好中国故事关乎对俄良好中国形象的塑造。本书基于语料库语言学、多模态批评话语分析、叙事学、符号学等跨学科理论，以俄罗斯重要新媒体传播场域为对象，"他塑"与"自塑"中国形象相结合，利用网络数据采集与文本分析软件，定量与定性研究方法相结合，开展对俄新媒体中国故事传播的话语研究，为构建对俄精准传播中国故事的话语体系提供了学术支撑与策略依据。

　　以社交网络为代表的跨国数字平台正在推动国际传播的平台化进程，成为国际传播的新型基础设施。在新媒体语境下，大众传播活动也已经发生诸多变化，表现在全球国际传播中，政治性、新闻性议题内容仅是其中的一小部分话题,承载国家形象的话语可谓无处不在、无时不有,尤其是适应新媒体平台特质的文化、娱乐、生活等话题的话语更容易受到网民青睐。因此,提高我国国际传播能力之"巧"的关键,还在于中国故事的多元化、丰富性、个性化、在地化的话语转化,中国故事需要大胆释放传播话语的想象力。特别值得关注的是,在全球传播场域中,用户已经发生了明显的迭代现象。在数字环境下成长起来的青少年,不仅是新媒体用户中的主体,也是传播的主体力量。总体上看,近年来我国的国际传播打开了新局面,国际平台上的中国声音日益增多,国际上理性客观看待中国的人越来越多,为中国点赞的人也越来越多(刘瑞生,2021)。

　　在党的二十大报告中,习近平总书记进一步对"增强中华文明传播力影响力"做出重要部署,强调"坚守中华文化立场,提炼展示中华文明的精神标识和文化精髓,加快构建中国话语和中国叙事体系,讲好中国故事、传播好中国声音,展现可信、可爱、可敬的中国形象"。加强国际传播能力建设,促进对外文化交流和多层次文明对话,是不断增强中华文明传播力影响力、提升国家文化软实力的重要途径,也是推进文化自信自强、加快建设社会主义文化强国的必然要求。新时代新征程,我们要深入学习贯彻党的二十大精神,用好各方面资源和力量开展国际传播,全面提升国际传播效能,更加积极主动地讲好中国故事、传播好中国声音,为全面建设社会主义现代化国家营造有利的外部舆论环境,为推动构建人类命运共同体做出积极贡献。

参考文献

[1] Ван Синьцин，Ма Лия，Камила. Изучение имиджа Китая в сетевых средствах массовой информации Таджикистана[J]. *Вестник Новосибирского государственного университета. Серия*：*История, филология*. 2015（4）：71-80.

[2] Волохова А. А. *Основы Китайской Дипломатии*[M]. Москва：Дипломатическая акад. МИД России, 2007.

[3] Горяина Ю. П. Специфика «внутреннего» и «внешнего» образа Китая в начале XXI[J]. *Проблемы Дальнего Востока*, 2009（2）：25-37.

[4] Горбунов В. А. Образ Китая в российских СМИ（на примере материалов газеты «АиФ», передачи «Вечер встречи с Соловьёвым»）[C]. *IX Международный конкурс научно-исследовательских и творческих работ учащихся*, 2019.

[5] Кирсанова А. М. Образ Китая в российских специализированных Интернет-СМИ[J]. *Архонт*, 2019（3）：55-61.

[6] Лукин. А. В. *Медведь Наблюдает за Драконом. Образ Китая в России в XVII-XXI Веках*[M]. Москва：Восток -Запад, 2007.

[7] Лукин А. В.（ред.）*Россия и Китай：Четыре Века Взаимодействия*[M]. Москва：Издательство «Весь Мир», 2013.

[8] Лукин А. В. *Возвышающийся Китай и Будущее России (Работы о Китае*

и Российско-китайских Отношениях）：*Сборник Статей*［C］. Москва：Международные отношения，2015.

［9］ Мамаева Н. Л. & А. Л. Верченко. *Образ Китая в Современной России*：*Некоторые Проблемы Китайской Истории и Современной Политики КНР в Исследованиях Российских и Зарубежных Ученых*［C］. Москва：Русская панорама，2007.

［10］ Портяков В. Я. *Становление Китая как Ответственной Глобальной Державы*［M］. Москва：ИДВ РАН，2013.

［11］ Радина Н. К. Методика идентификации контесктуальных идеологем в цифорвом медиадискурсе（на примере медиадискурса о пандемии COVID-19）［J］. *Вестник Московского Университета*，2021（5）：116-136.

［12］ Цисельская Е. С. *Формирование и Трансформация Образа Китая в Европе*：*Середина XIII - конец XVIII вв.*［D］. Диссертация на соискание ученой степени кандидата исторических наук，Российский университет дружбы народов，2009.

［13］ Barthes，R. *Image-Music-Text*［M］. Chicago：University of Chicago Press，1977.

［14］ Bateman，J. A. & Delin，J. From Genre to Text Critiquing in Multimodal Documents［M］//The 4th International Workshop on Multidisciplinary Approaches to Discourse. *Improving Text*：*From Text Structure to Text Type*. Yttre：Belgium，2001.

［15］ Bernard，C. Cohen. *The Press and Foreign Policy*［M］. Princeton：Princeton University Press，1963.

［16］ Boulding，E. K. National Images and International Systems［J］. *Journal of Conflict Resolution*，1959（2）：120-131.

［17］ Bowcher，W. Field and Multimodal Texts［C］//R. Hasan，C. Matthiessen and J. Webster（eds.）. *Continuing Discourse on Language (Volume 2).*

London/Oakvile: Equinox, 2007.

[18] Buhmann, A. *Towards an Integrative Model of the Country Image: Measuring Country Image*[M]. Berlin: Springer Fachmedien Wiesbaden, 2016.

[19] Chouliaraki, L. & Fairclough, N. *Discourse in Late Modernity: Rethinking Critical Discourse Analysis*[M]. Edinburgh: Edinburgh University Press, 1999.

[20] Debao, Xiang. China's Image on International English Language Social Media[J]. *Journal of International Communication*, 2013, *2*(19): 252-271.

[21] Dietram, S. & David, T. Framing, Agenda Setting, and Priming: The Evolution of Three Media Effects Models[J]. *Journal of Communication*, 2007, *57*(1): 9-20.

[22] Fairclough, N. *Discourse and Social Change*[M]. Cambridge: Polity Press, 1992.

[23] Fairclough, N. *Critical Discourse Analysis: The Critical Study of Language*[M]. London: Routledge, 2010.

[24] Forceville, C. *Pictorial Metaphor in Advertising*[M]. London: Routledge, 1996.

[25] Fowler, R. *Language in the News: Discourse and Ideology in the Press*[M]. Abingdon/ New York: Routledge, 2013.

[26] Gibbon, D. , I. Mertins & R. K. Moore. *Handbook of Multimodal and Spoken Dialogue Systems*[M]. Boston: Kluwer Academic Publishers, 2000.

[27] Guo, L. & McCombs, M. Toward the Third Level of Agenda Setting Theory: A Network Agenda Setting Model[C]//*Annual Convention of the Association for Education in Journalism & Mass Communication*. St. Louis, Missouri, 2011.

[28] Hall, S. Encoding and decoding in the television discourse[C]//Gray, A. et al. (eds.). *CCCS Selected Working Papers* (*Vol.2*). London: Routledge,

2007: 390-403.

[29] Kress, G. R. *Before Writing: Rethinking the Paths to Literacy*[M]. London: Routledge, 1997.

[30] Kress, G. & van Leeuwen, T. *Reading Images: the Grammar of Visual Design*[M]. London: Routledge, 1996.

[31] Lejin, Zhang & Doreen, Wu. Media Representations of China: A Comparison of *China Daily* and *Financial Times* in Reporting on the Belt and Road Initiative [J]. *Critical Arts*, 2017, 6(31): 29-43.

[32] McCombs, M. E. & Shaw, D. L. The Agenda-setting Function of Mass Media[J]. *Public Opinion Quarterly*, 1972, 36(2): 176-187.

[33] Mitchell, W. J. T. *Picture Theory: Essays on Verbal and Visual Representation*[M]. Chicago: University of Chicago Press, 1994.

[34] Phillips, B. J. & McQuarric, E. F. Beyond Visual Metaphor: A New Typology of Visual Rhetoric in Advertising[J]. *Marketing Theory*, 2004, 4(1/2): 113-136.

[35] Royce, T. Inter-semiotic Complementarity: A Frame Work for Multimodal Discourse Analysis[C]//Royce, T. & W. Bowcher (Eeds.). *New Directions in the Analysis of Multimodal Discourse*. New Jersey/London: Lawrence Erlbaum Associates Publishers, 2007: 99-100.

[36] van Leeuwen, T. *Discourse and Practice* [M]. Oxford: Oxford University Press, 2008.

[37] Yilei, Wang & Dezheng (William), Feng. History, Modernity, and City Branding in China: A Multimodal Critical Discourse Analysis of Xi'an's Promotional Videos on Social Media [J]. *Social Semiotics*, 2021(1): 1-24.

[38] Yus, Francisco. Visual Metaphor Versus Verbal Metaphor: A Unified Account [C]//Charles, J. Forceville & Eduardo, Urios-Aparisi(eds.). *Multimodal Metaphors*. Berlin/New York: Mouton de Gruyter, 2009: 145-172.

[39] 曹成竹．"中国故事"与当代中国文艺实践的感觉结构 [J]．江西社会科学，2021（7）：231-239．

[40] 陈楠．自媒体在里约奥运会中的传播新貌与中国国家形象建构——以新浪微博和 Facebook 为例 [J]．新媒体研究，2017（11）：41-42．

[41] 陈汝东．新兴修辞传播学理论 [M]．北京：北京大学出版社，2011．

[42] 陈圣来．后疫情时代中华文化的国际传播 [J]．现代传播（中国传媒大学学报），2021（10）：11-16．

[43] 陈曙光．习近平改革思想论纲 [J]．理论视野，2018（8）：18-29．

[44] 陈婷婷．话语场域·议程设置·国家形象——全球治理中的中国话语谱系及其构建 [J]．苏州大学学报：哲学社会科学版，2022（3）：1-9．

[45] 陈文泰，李卫东．国际社交网络中"国家实在"传播与国家形象演化机制研究 [J]．新闻大学，2018（6）：129-136．

[46] 陈先红，宋发枝．"讲好中国故事"：国家立场、话语策略与传播战略 [J]．现代传播（中国传媒大学学报），2020（1）：40-46,52．

[47] 陈著，张鸿彦．太极拳在俄罗斯的跨文化传播研究 [J]．武汉体育学院学报，2021（9）：61-66．

[48] 程曼丽．论"议程设置"在国家形象塑造中的舆论导向作用 [J]．北京大学学报：哲学社会科学版，2008（2）：162-168．

[49] 程曼丽．从"两个大局"看中国国际传播话语体系构建 [J]．国际传播，2021（6）：45-51．

[50] 程美东等．关于英美俄日等 13 国对新冠肺炎疫情早期情况报道的述评 [J]．经济与社会发展，2020（1）：22-33．

[51] 成文，田海龙．多模式话语的社会实践性 [J]．南京社会科学，2006（8）：135-141．

[52] 楚树龙．"中国故事"与中国的国际形象 [J]．现代国际关系，2015（9）：37-42,66．

[53] 戴宇辰．从"全景敞视"到"独景窥视"：福柯、拉图尔与社会化媒体时代的空间——权力议题再阐释 [J]．国际新闻界，2021（7）：6-24．

[54] 党生翠. 俄罗斯社交媒体研究：发展与管理[J]. 国外社会科学，2017(4)：96-104.

[55] 邓依林，张伦，吴晔. 中国官方媒体的全球文化传播网络议程设置研究[J]. 新闻大学，2022(9)：14-28.

[56] 董琇. 美国媒体笔下的江南城市形象研究——以上海、苏州为例[J]. 同济大学学报：社会科学版，2019(4)：103-114.

[57] 范红. 国家形象的多维塑造与传播策略[J]. 清华大学学报：哲学社会科学版，2013(2)：141-152.

[58] 范虹. 后媒体时代电影叙事的越界美学研究[J]. 世界电影，2020(5)：21-32.

[59] 范勇. 美国主流媒体表达中国文化特色词汇的显异策略——基于对2009年《纽约时报》涉华报道的实证研究[J]. 上海翻译，2011a(1)：65-69.

[60] 范勇. 当代美国主流媒体上的汉语借词研究——基于对2009年《纽约时报》涉华报道的实证分析[J]. 北京第二外国语学院学报，2011b(10)：13-19.

[61] 范晓玲. 哈萨克斯坦主流网络媒体中的中国形象——以网络版《哈萨克斯坦快报》和《哈萨克斯坦真理报》为研究对象[J]. 新疆社科论坛，2016(5)：88-91.

[62] 范祖奎. 俄罗斯媒体上的中国形象塑造——基于《真理报》的调查[J]. 新疆社会科学，2014(4)：84-89.

[63] 冯德正，邢春燕. 空间隐喻与多模态意义建构——以汽车广告为例[J]. 外国语，2011(3)：56-61.

[64] 冯德正，张德禄，O'Halloran. 多模态语篇分析的进展与前沿[J]. 当代语言学，2013(4)：1-12.

[65] 冯海燕，张莉. 从关注度到好评率：海外社交平台热帖和中国形象认知的互动研究[J]. 传媒，2019(9)：75-79.

[66] 冯海燕，范红. 社交媒体环境下涉华新闻接触与对华态度[J]. 现代传播，

2019（11）：151-157.

[67] 甘莅豪．媒介话语分析的认知途径：中美报道南海问题的隐喻建构 [J]．
国际新闻界，2011（8）：83-90.

[68] 高金萍，许涌斌．彼岸的声音：西方六国主流媒体新冠肺炎舆情分析 [J]．
新闻与写作，2020（5）：40-47.

[69] 高金萍，高媛．德国主流媒体涉华新冠肺炎报道研究 [J]．国际传播，
2020（5）：53-64.

[70] 高金萍，刘书彤．俄罗斯主流媒体新冠肺炎舆情分析 [J]．中国记者，
2020（4）：98-101.

[71] 葛岩，赵海，秦裕林等．国家、地区媒体形象的数据挖掘——基于认知心
理学与计算机自然语言处理技术的视角 [J]．学术月刊，2015（7）：163-
170.

[72] 郭庆光．传播学教程 [M]．北京：中国人民大学出版社，2011.

[73] 郭小平．西方媒体对中国的环境形象建构——以《纽约时报》"气候变
化"风险报道（2000—2009）为例 [J]．新闻与传播研究，2010（4）：18-30,
109.

[74] 郭镇之．网络舆论与中国形象——对《纽约时报》一篇新闻分析及其网
上评论的个案研究 [J]．新闻与传播评论，2009（1）：226-239.

[75] 郭镇之．"客观中立"的中国故事更有利于对外传播——对 BBC 纪录片
《中华的故事》的话语分析 [J]．对外传播，2016（12）：37-39.

[76] 何辉，刘朋等．新传媒环境国家形象的构建与传播 [M]．北京：外文出
版社，2008.

[77] 何杰．阿富汗主流网络媒体的中国形象研究 [J]．广东外语外贸大学学
报，2018（5）：114-120.

[78] 何萍，吴瑛．中国社交媒体作为外媒消息源的现状研究 [J]．对外传播，
2018（9）：20-23.

[79] 洪宇．立足问题意识，唱响"世界之中国" [J]．新闻战线，2019（21）：64-
66.

[80] 胡开宝,张晨夏.中国当代外交话语核心概念对外传播的现状、问题与策略 [J].浙江大学学报:人文社会科学版,2021(5):99-109.

[81] 胡晓斌.中美媒体对新冠疫情下的中国国家形象建构对比研究——语料库辅助的三维话语分析 [J].天津外国语大学学报,2021(4):74-86.

[82] 胡壮麟.社会符号学研究中的多模态化 [J].语言教学与研究,2007(1):1-10.

[83] 黄蒙.纽约时报对钓鱼岛争端报道的倾向性——从"框架理论"视角分析 [J].青年记者,2013(6):85-86.

[84] 黄蔷.美国主流媒体对中国形象的话语偏见——以"新冠疫情"报道为例 [J].外国语文,2021(4):85-96.

[85] 黄友义,黄长奇,丁洁.重视党政文献对外翻译,加强对外话语体系建设 [J].中国翻译,2014(3):5-7.

[86] 胡安江.中国特色对外话语体系的译介与传播研究 [J].中国翻译,2020(2):44-51,188.

[87] 贾艺宁.新媒体对外传播中政治领域公共人物的媒介形象呈现 [J].新闻传播,2017(2):76-77.

[88] 姜飞,田园,彭锦.2019 年全球传播生态发展报告 [M]// 全球传播生态发展报告(2020).北京:社会科学文献出版社,2020:1-51.

[89] 姜飞,彭锦,田园.2020 年全球传播生态发展报告 [M]// 全球传播生态发展报告(2021).北京:社会科学文献出版社,2022:1-46.

[90] 姜锋,史明德,杨洁勉,吴志成,任晓,金天栋.习近平外交思想国际传播的意义、机遇与挑战 [J].国际观察,2022(2):1-29.

[91] 姜玮.近期美国主流网络媒体上的中国形象及成因分析 [J].东南传播,2007(8):70-72.

[92] 江和平.打通供需两侧、做强环"球"传播——5G 语境中的媒体供给侧结构性改革发展报告 [M]// 全球传播生态发展报告(2020).北京:社会科学文献出版社,2020:52-66.

[93] 江和平.驻外媒体机构国际传播力提升之路探析——以中央广播电视总

台北美总站为例［M］// 全球传播生态发展报告（2021）．北京：社会科学文献出版社，2022：47-56．

［94］蒋玉鼐．新媒体对外传播中的国家领导人形象塑造——以 2015 年新华社、《人民日报》、央视的推特报道为例［J］．对外传播，2016（4）：57-59．

［95］匡文波．"新媒体"概念辨析［J］．国际新闻界，2008（6）：66-69．

［96］李婵．"他国"的苦难——《华尔街日报》对中国新冠肺炎疫情的媒体呈现研究［J］．对外传播，2020（5）：69-72．

［97］李芳，徐龙稷．俄罗斯媒体空间：现状与趋势［J］．西伯利亚研究，2017（2）：32-37．

［98］李宏．新媒体时代跨文化传播研究——以《今日俄罗斯》为例［J］．传媒，2017（3）：60-62．

［99］李建民．油价下跌和新冠肺炎疫情下的俄罗斯经济：影响与政策选择［J］．俄罗斯学刊，2020（3）：5-26．

［100］李建军，苗昕，张玉亮．以学术话语讲好中国故事［J］．河南师范大学学报：哲学社会科学版，2022（1）：1-7．

［101］李立新．《华盛顿邮报》中国女性形象报道的批评话语分析［J］．语文学刊，2019（6）：109-116．

［102］李盛楠．官方媒体运用网络社交平台对外传播研究——以 Facebook 中 People's Daily 为例［J］．今传媒，2016（2）：23-25．

［103］李玮．俄罗斯眼中的中国——影响在俄中国形象的文化因素分析［J］．国外社会科学，2011（1）：91-96．

［104］李炜炜．社交媒体时代中国形象传播力创新研究——以李子柒自媒体视频传播为例［J］．现代视听，2020（6）：35-38．

［105］李田玉，向飒．人民日报新媒体十九大报道分析［J］．青年记者，2018（7）：38-39．

［106］李宇．当前国际传播的短板分析与优化策略［J］．中国广播电视学刊，2019（12）：29-32．

［107］李战子，陆丹云．多模态符号学：理论基础、研究途径与发展前景［J］．

外语研究,2012(2):1-8.

[108] 梁云,张淼淼,佟毅.社交媒体视角下的"一带一路"沿线国家中国形象分析——基于社交网站 VKONTAKTE 的中国报道[J].新疆师范大学学报:哲学社会科学版,2017(5):128-136.

[109] 林敏,江根源.议程融合视域下国家形象的网络传播[J].新闻与传播研究,2011(6):34-36.

[110] 刘丹.新媒体语境下法治湖北形象的自塑与对外传播研究[J].湖北工程学院学报,2019(1):95-98.

[111] 刘鼎甲.新冠肺炎疫情中美国媒体涉华报道的语料库历时分析[J].外国语,2021(6):52-64.

[112] 刘鼎甲.基于语料库的多方话语历时对比研究——以"中国梦"在美英印的传播与接受为例(2012—2020)[J].外语教学,2022(1):17-22.

[113] 刘建军.关于当前外国文学"中国话语"建设三大关系的思考[J].东北师大学报:哲学社会科学版,2021(6):1-10.

[114] 刘立华,毛浩然.话语分析视域下西方媒体中的当代中国故事——以《纽约时报》为例[J].当代传播,2011(5):31-33,36.

[115] 刘瑞生.加强我国国际传播能力建设的三个维度[EB/OL].(2021-12-30)[2022-05-01] https://baijiahao.baidu.com/s?id=1720550550561941383&wfr=spider&for=pc.

[116] 刘姝昕.新媒体国家形象研究:和谐话语分析[J].北京科技大学学报:社会科学版,2019(4):38-45.

[117] 刘小燕.关于传媒塑造国家形象的思考[J].国际新闻界,2002(2):61-66.

[118] 刘滢.主流媒体对外传播的社交媒体策略——以新华社在海外社交网站的传播为例[J].对外传播,2016(1):60-62.

[119] 刘滢.5G时代国际传播的新想象[J].新闻与写作,2019(10):80-83.

[120] 刘滢,魏怡孜.中国海外社交网络平台传播效果研究报告(2018—2019)[M]//全球传播生态发展报告(2020).北京:社会科学文献出版

社,2020:196-222.

[121] 路璐.新媒体语境下的国家形象传播话语博弈研究[J].南京社会科学,2016(3):121-126.

[122] 卢迪,邱子欣.5G等新一代信息技术推动全球传播生态变革发展报告[M]// 全球传播生态发展报告(2020).北京:社会科学文献出版社,2020:121-139.

[123] 卢迪,孙明慧,瞿澜.5G背景下虚拟数字人在国际传播中的价值与应用[M]// 全球传播生态发展报告(2021).北京:社会科学文献出版社,2022:72-93.

[124] 卢衍鹏."中国梦"的对外传播与国家形象的重建[J].学术论坛,2017(1):150-154,180.

[125] [美]麦库姆斯著.议程设置理论概览:过去、现在与未来[J].郭镇之,邓理峰,译.新闻大学,2007(3):55-67.

[126] 毛伟,文智贤.Twitter平台央媒"一带一路"报道的大数据分析——如何打造传播矩阵、拓展"一带一路"朋友圈[J].中国记者,2018(3):54-58.

[127] 毛伟.海外媒体涉华新冠肺炎报道的话语建构与框架分析[J].中国记者,2020(5):82-86.

[128] 慕羽.在世界语境中讲好中国故事——以敦煌题材的舞蹈创作为例[J].民族艺术研究,2020(2):131-142.

[129] [英]诺曼·费尔克劳,著.话语分析:社会科学研究的文本分析方法[M].赵芃,译.北京:商务印书馆,2021.

[130] 潘桦,孙一.论电影与新媒介的冲突与融合:以媒介传播史为线索[J].现代传播(中国传媒大学学报),2021(10):84-89.

[131] 潘璐霖,陈艳平.新媒体视角下韩国网民涉中文化话语的研究[J].韩国语教学与研究,2018(1):43-48.

[132] 曲文轶,[俄]伊·戈利姆比茨基.俄罗斯视角下的新冠大流行:中国角色、中美竞争及俄罗斯的选择[J].俄罗斯东欧中亚研究,2020(4):56-80.

[133] 任孟山．国际传播是中西版"中国故事"的竞争[J]．传媒,2021(22):
      1.

[134] 沈正赋．新媒体时代对外传播中国形象的问题与对策[J]．对外传播,
      2017(9):10-12.

[135] 史安斌．新时代国际传播能力建设的新思路新作为[J]．国际传播,
      2018(1):8-15.

[136] 史安斌,王沛楠．2020年全球新闻传播新趋势——基于五大热点话题
      的访谈[J]．新闻记者,2020(3):24-32.

[137] 史安斌,张耀钟．"四全+4D":新时代国际传播理论实践的创新进
      路[J]．电视研究,2019(7):12-16.

[138] 史安斌,张耀钟．新中国形象的再建构:70年对外传播理论和实践的创
      新路径[J]．全球传媒学刊,2019(2):26-38.

[139] 孙有中．国家形象的内涵及其功能[J]．国际论坛,2002(3):14-21.

[140] 谭宇菲．北京城市形象传播:新媒体环境下的路径选择研究[M]．北京:
      社会科学文献出版社,2019.

[141] 唐婧．网络互动与中国形象的构建——德国媒体网络版对"中国全面
      深化改革"报道的分析[J]．今传媒,2016(7):52-56.

[142] 唐丽萍．美国大报之中国形象的语料库语言学方法辅助下的批评话语
      分析[M]．北京:高等教育出版社,2016.

[143] 陶源．基于俄媒语料库的新冠肺炎主题词与疫情变迁研究[J]．南昌航
      空大学学报:社会科学版,2021(1):114-124.

[144] 田海龙,潘艳艳．多模态话语分析:理论探索与应用研究[M]．北京:北
      京航空航天大学出版社,2019.

[145] 王斌,戴梦瑜．迭代生产与关系建构:社交媒体中的国家形象塑造机
      制[J]．兰州大学学报,2017(5):37-44.

[146] 王晨燕．网络对外传播的策略:网上重塑中国国家形象[J]．现代传播,
      2007(5):166-168.

[147] 王方,陈昌凤．全媒体时代的国际传播:智能化、平台化、故事化[J]．电

视研究,2020(3):65-67.

[148] 王国凤．政治性新闻语篇翻译中的评价——基于《华盛顿邮报》和《参考消息》中的钓鱼岛事件[J]．外语教学,2017(3):34-39.

[149] 王国凤．英美主流媒体中国形象报道话语的批评研究[M]．北京:首都经济贸易大学出版社,2019.

[150] 王国红．俄罗斯媒体视角下的中国社会形象分析——以2013—2015年俄罗斯媒体涉华的社会报道为依据[J]．辽宁经济职业技术学院学报,2017(1):50-51,109.

[151] 王铭玉,崔雪波．"一带一路"背景下的对外话语体系与建构[J]．山东外语教学,2021(5):10-20.

[152] 王宁,张璐,曹斐．英国媒体中的北京形象:基于《泰晤士报》2000—2015年的框架分析[J]．西安外国语大学学报,2017(4):1-6.

[153] 汪启凯,曹湘洪．吉尔吉斯斯坦主流网络媒体新闻话语中的中国形象研究——基于新闻学与语言学视角[J]．天津外国语大学学报,2018(2):125-137.

[154] 王小溪．"一带一路"语境下俄罗斯媒体建构的中国国家形象分析[J]．东北亚外语研究,2017(2):10-14.

[155] 王小英,明蔚．"中国故事"的叙述策略与传播认同机制——基于彼得•海斯勒非虚构小说"中国三部曲"的考察[J]．现代传播(中国传媒大学学报),2021(11):66-71.

[156] 韦路．想象中国:新媒体时代的中国形象[M]．北京:大有书局,2020.

[157] 韦路,吴飞,丁方舟．新媒体,新中国?网络使用与美国人的中国形象认知[J]．新闻与传播研究,2013(7):15-33,126.

[158] [美]沃尔特•李普曼,著．公众舆论[M]．阎克文,江红,译．上海:上海人民出版社,2011.

[159] 吴飞,刘晶．"像"与"镜":中国形象认知差异研究[J]．新闻大学,2014(2):1-9.

[160] 吴瑾瑾．中国当代科幻小说的海外传播及其启示——以刘慈欣的《三

体》为例 [J]. 山东大学学报:哲学社会科学版,2021(6):172-184.

[161] 吴限. 日本新媒体对华外宣探析:战略、路径与特征 [J]. 日本问题研究,
2018(2):1-7.

[162] 吴瑛,李莉,宋韵雅. 多种声音 一个世界:中国与国际媒体互引的社会
网络分析 [J]. 新闻与传播研究,2015(9):5-21,126.

[163] 吴赟. 国际传播能力建设与翻译学发展的未来向度 [J]. 上海交通大学
学报:哲学社会科学版,2022(1):12-22.

[164] 习近平. 建设社会主义文化强国 着力提高国家文化软实力(习近平同
志在中共中央政治局第十二次集体学习上的讲话)[N]. 新华网,2017-
11-22.

[165] 相德宝. 自媒体上的中国国家形象 [J]. 对外传播,2011(11):23-24.

[166] 相德宝. 国际自媒体涉华舆论传者特征及影响力研究——以 Twitter 为
例 [J]. 新闻与传播研究,2015(1):58-69,127.

[167] 相德宝. 国际社交媒体中国形象与影响力研究 [M]. 广州:暨南大学出
版社,2019.

[168] 肖珺等. 从媒介到平台:中国国际传播的认识论转向 [J]. 对外传播,
2022(12):72-76.

[169] 肖明,易红发. 社交媒体推特上的中国形象研究 [J]. 北方传媒研究,
2017(3):33-37.

[170] 邢丽菊,鄂传若澜. 中国国家形象的塑造模式研究 [J]. 东北亚论坛,
2022(6):3-17,125.

[171] 熊伟. 话语偏见的跨文化分析 [M]. 武汉:武汉大学出版社,2011.

[172] 许华. 俄罗斯社会舆论中的中国形象——基于 2017 年俄罗斯涉华舆情
的分析 [J]. 国外社会科学,2018(4):13-23.

[173] 许华. 中国当代文学作品在俄罗斯的传播:脉络与演进 [J]. 国外社会
科学,2021(4):49-59.

[174] 许钧. 关于深化中国文学外译研究的几点意见 [J]. 外语与外语教学,
2021(6):68-72,148-149.

[175] 徐翔. 中国文化在视频自媒体的传播效果及其影响因素分析——基于 YouTube 的样本挖掘与实证研究 [J]. 北京邮电大学学报: 社会科学版, 2016（5）: 1-7.

[176] 薛可, 梁海. 基于刻板思维的国家形象符号认知——以《纽约时报》的 "西藏事件" 报道为例 [J]. 新闻与传播研究, 2009（1）: 13-18, 107.

[177] 杨春蕾. 王阳明思想学说在俄罗斯的传播与影响 [J]. 湖北社会科学, 2018（7）: 89-95.

[178] 杨枭枭, 李本乾. 国际网络社交平台中国形象的建构与书写 [J]. 广西民族大学学报: 哲学社会科学版, 2019（1）: 158-162.

[179] 杨明星, 潘柳叶. "讲好中国故事" 的外交叙事学原理与话语权生成研究 [J]. 新疆社会科学, 2021（5）: 78-88, 163.

[180] 于运全, 王眉, 谭震, 吴奇志, 荆江, 朱静. 地方国际传播战略发展报告 [M]// 全球传播生态发展报告（2020）. 北京: 社会科学文献出版社, 2020: 101-120.

[181] 曾方本. 多模态符号整合后语篇意义的嬗变与调控——兼论从语言语篇分析到多模态语篇分析转向时期的若干问题 [J]. 外语教学, 2009（6）: 28-31.

[182] 曾海芳. 新媒体时代媒体对领导人对外形象塑造探析——以国平对国家主席习近平外交活动的报道为例 [J]. 中国出版, 2016（12）: 60-63.

[183] 曾俊秀. 新媒体环境下国家形象跨文化传播机理及提升路径研究 [J]. 齐齐哈尔大学学报: 哲学社会科学版, 2020（2）: 148-151.

[184] 张春波. 形塑中国: YouTube 视频对中国形象的表征 [J]. 现代传播, 2013（9）: 53-57.

[185] 张春波. 新媒体与旧秩序——YouTube 上的中国形象 [M]. 北京: 世界知识出版社, 2014.

[186] 张春波. YouTube 个人发布视频对中国形象的编码与解码 [J]. 首都师范大学学报: 社会科学版, 2014（3）: 70-77.

[187] 张冬梅, 姜典辰. 俄罗斯 VK 社交网站对新中国成立 70 周年的报道研

究 [J]. 对外传播, 2020 (2): 22-24.

[188] 张德禄, 穆志刚. 多模态功能文体学理论框架探索 [J]. 外语教学, 2012 (3): 1-6.

[189] 张德禄, 张珂. 中国话语外译语言选择模式探索: 系统功能视角 [J]. 外语电化教学, 2021 (5): 18-25, 3.

[190] 张健. 英语新闻中注明出处的几种形式 [J]. 外国语, 1993 (2): 66-68.

[191] 张昆, 陈雅莉. 地缘政治冲突报道对中国形象建构的差异性分析——以《泰晤士报》和《纽约时报》报道"钓鱼岛"事件为例 [J]. 当代传播, 2014 (4): 38-41.

[192] 张立春. 社交媒体时代国家形象的塑造——以三大央媒 VK 账号"新中国成立 70 周年"报道为例 [J]. 传媒, 2020 (11): 76-80.

[193] 张伦, 邓依林. 社交媒体时代中国文化国际传播影响力研究报告 [M]//全球传播生态发展报告 (2021). 北京: 社会科学文献出版社, 2022: 155-172.

[194] 张淼淼. 新媒体中的中国形象分析研究——以 VK 网为例 [J]. 科技传播, 2016 (2): 65-66.

[195] 张严峻. 对俄罗斯青年群体讲好中国故事——新形势下对俄精准传播的策略与路径 [J]. 对外传播, 2021 (9): 12-16.

[196] 张志安, 唐嘉仪. 民间主体参与平台网络国际传播的路径和策略 [J]. 对外传播, 2022 (2): 72-75.

[197] 张子荣. 习近平关于讲好中国故事的方法论维度 [J]. 学校党建与思想教育, 2019 (12): 26-28, 32.

[198] 赵莉. 如何讲好中国故事——以中国新闻奖国际传播奖获奖作品为例 [J]. 中国出版, 2018 (6): 34-37.

[199] 赵新利, 张蓉. 国家叙事与中国形象的故事化传播策略 [J]. 西安交通大学学报: 社会科学版, 2014 (1): 97-101.

[200] 赵云泽等. "桥梁人群"对中国品牌的跨文化传播的影响研究 [J]. 国际新闻界, 2015 (10): 65-78.

[201] 赵子忠,李琳琳. 国际传播中网红发展现状与运营策略 [M]// 全球传播生态发展报告（2021）. 北京:社会科学文献出版社,2020:94-106.

[202] 郑承军,唐恩思. 青年镜像:中国形象在海外社交媒体上的传播与塑造 [J]. 中国青年社会科学,2020(6):1-9.

[203] 郑华,李婧. 美国媒体建构下的中国"一带一路"战略构想——基于《纽约时报》和《华盛顿邮报》相关报道的分析 [J]. 上海对外经贸大学学报,2016(1):87-96.

[204] 郑明燕. 俄罗斯新闻报道视角下的中国形象——以俄罗斯《消息报》《共青团真理报》及《商业咨询日报》为例(2000—2010 年)[D]. 厦门:厦门大学,2014.

[205] 郑亚楠. 黑龙江地方媒体对俄罗斯远东地区的传播战略研究 [J]. 现代传播(中国传媒大学学报),2014(5):43-46.

[206] 周华清,李小霞. 医学类学术期刊公共卫生事件的议程设置路径 [J]. 编辑学报,2022(5):494-499.

[207] 周美芝. "一带一路"背景下人民日报 VK 的传播现状分析 [J]. 今传媒,2017(7):75-76.

[208] 朱桂生,黄建滨. 美国主流媒体视野中的中国"一带一路"战略——基于《华盛顿邮报》相关报道的批评性话语分析 [J]. 新闻界,2016(17):58-64.

"中俄头条" VK 网账号报道
文字内容摘录

1. 11 ноября в Пекине установилась ясная и холодная погода. В пекинском парке Ихэюань (Летний императорский дворец) можно было увидеть увядшие лотосы, пожелтевшие листья, традиционные китайские постройки и самобытные прогулочные катера. Здесь можно ощутить всё очарование поздней осени в столице Китая.

11 月 11 日，北京天气晴朗而寒冷。在北京颐和园（夏宫），人们可以看到凋零的荷花、泛黄的落叶、传统的中国建筑和别具一格的游船。在这里，您可以感受到中国首都深秋的魅力。

2. Фестиваль китайской культуры в России начнется с выступления Национального симфонического оркестра Китайского национального театра оперы и балета в Государственном академическом Большом театре России. Об этом сообщила пресс-служба Росконцерта.

«13 и 16 ноября 2023 года в рамках Фестиваля китайской культуры в России в Москве и Санкт-Петербурге выступит Национальный симфонический оркестр Китайского национального театра оперы и балета. Концерт в Москве пройдет 13 ноября на Новой сцене Большого театра России; в Санкт-Петербурге выступление китайских музыкантов состоится 16 ноября на основной сцене Александринского театра», — говорится в сообщении. Об этом пишет ТАСС.

В программу концертов в Москве и Санкт-Петербурге вошли произведения современных китайских композиторов, среди которых Чжао Цзипин, Ван Юньфэй, Лю Вэньцзинь, Чжан Чао, Чжан Цзююань и другие. Их исполнят как на академических музыкальных инструментах, так и на оригинальных народных инструментах (пипа, люцинь, бамбуковая флейта, гучжен). Будут представлены сочинения разных жанров — от симфонической увертюры и фрагментов композиций для солирующих инструментов и оркестра до популярных песен в аранжировке.

Национальный симфонический оркестр Китайского национального театра оперы и балета основан в 1950 году. Это один из первых национальных профессиональных оркестровых коллективов в Китае. В сентябре 2015 года музыканты представили масштабную программу «Сокровища страны», с которой гастролировали по разным странам.

Китайский национальный театр оперы и балета—крупнейший государственный театр страны. За последние 50 лет труппой театра поставлено более 100 спектаклей. Среди постановок последних лет—оперы «Долина Красной реки», «Горн» «С нетерпением жду вашего возвращения», танцевальные драмы «Конфуций» и другие.

俄罗斯中国文化节将以中国国家歌剧芭蕾舞剧院国家交响乐团在俄罗斯国家模范大剧院的演出拉开帷幕。组织方"俄罗斯音乐会"（Rosconcert）对此进行报道。

"2023 年 11 月 13 日和 16 日，作为俄罗斯中国文化节框架内的活动项目，中国国家歌剧芭蕾舞剧院国家交响乐团将在莫斯科和圣彼得堡进行演出。在莫斯科的演出将于 11 月 13 日在俄罗斯大剧院新舞台举行，中国的音乐家们还将于 11 月 16 日在圣彼得堡亚历山大剧院的主舞台进行演出。"塔斯社对此进行报道。

在莫斯科和圣彼得堡的演出节目包括赵季平、王云飞、刘文金、张朝、张秋元等中国当代作曲家的作品。这些作品将用西洋古典乐器和传统民族乐器(琵琶、柳琴、竹笛、古筝)进行演奏。演出形式多种多样,包括交响乐序曲、独奏和管弦乐选段,以及流行歌曲改编等。

中国国家歌剧芭蕾舞剧院国家交响乐团成立于 1950 年。它是中国最早的国家级专业交响乐团之一。2015 年 9 月,乐团的音乐家们打造了大型音乐会《国之瑰宝》,并在多个国家开展巡演。

中国国家歌剧芭蕾舞剧院是中国最大的国家级剧院。在过去 50 年里,该剧院上演了 100 多部作品。近些年演出的剧目有歌剧《红河谷》《号角》《盼你归来》以及舞剧《孔子》等。

3. Дальневосточный федеральный университет (ДВФУ) и Народный университет Китая (НУК) запустят совместную магистерскую программу госуправления. Университеты станут ключевыми партнерами в области подготовки экспертов-управленцев, способных развивать международные отношения в области геоэкономики и увеличивать товарооборот между Россией и Китайской Народной Республикой (КНР). Соответствующий меморандум подписали ректор ДВФУ Борис Коробец и проректор НУК Чжэн Синье. Об этом пишет портал Dvfu. ru.

В рамках соглашения стороны обозначили создание двудипломной совместной программы магистратуры по направлению государственного управления с углубленным изучением международной экономики и торговли. Программа будет реализована в принципиально новом формате и сконцентрируется на подготовке наиболее востребованных кадров, способных понимать культурные особенности и специфику международных рынков. Обучение планируется проводить по заказу госсектора России и Китая с привлечением экспертов Российской академии народного хозяйства и государственной службы при Президенте Российской Федерации.

远东联邦大学和中国人民大学将联合推出国家管理硕士培养课程项目。在培养有能力推进地缘经济领域国际关系以及提高中俄两国贸易额的管理人才方面，两所大学将成为重要的合作伙伴。远东联邦大学校长鲍里斯·科罗贝茨和中国人民大学副校长郑新业签署相关备忘录。远东联邦大学官网 Dvfu. ru 对此进行报道。

在合作协议框架内，双方表示要联合创建一个深入研究国际经济与贸易的国家管理双学位硕士课程项目。该项目将以全新的形式开展，重点培养了解文化特质和国际市场特点的紧缺人才。该课程计划在中俄相关国家部门要求下开展，俄罗斯总统国民经济与公共管理学院的专家也将参与其中。

4. В Ляньюньгане провинция Цзянсу, когда ранним утром появились первые лучи солнечного света, небо постепенно окрасилось в мягкий оранжево-красный цвет. Солнце всё поднималось и становилось золотистым, разбрызгивая свои лучи по бескрайнему морю.

在江苏连云港，当清晨第一缕阳光出现时，天空渐渐变成柔和的橙红色。太阳徐徐升起，变成金色，将自己的夺目光芒洒向无边大海。

5. 12 ноября на берегу реки Сунгари в городе Цзилинь (пров. Цзилинь), были запечатлены деревья, покрытые белоснежным инеем. Они привлекли внимание большого количества жителей и гостей города.

11 月 12 日，在吉林省吉林市的松花江畔拍摄到了覆盖着雪白冰晶的雾凇。它们吸引了大量市民和游客的目光。

6. Торгово-экономическая ярмарка Китай-Монголия-Россия 2023 года состоялась 9-10 ноября в городе Цзиньчжоу провинции Ляонин на северо-востоке Китая. Мероприятие было нацелено на создание торговой платформы для привлечения еще большего числа предприятий для сотрудничества в торговой, логистической и инвестиционной сферах, а также в строительстве "экономического коридора Китай-Монголия-Россия".

В ярмарке приняли участие более 40 зарубежных учреждений и

предприятий, включая Российский экспортный центр /РЭЦ/, и свыше 100 китайских учреждений и предприятий. На ней были заключены соглашения по ряду проектов, общие инвестиции в которые составляют более 2 млрд юаней.

В ходе ярмарки была официально создана китайско-монгольско-российская база стриминга для электронной коммерции, основанная общими усилиями РЭЦ и портом Цзиньчжоу. На базе планируется открыть павильон российских товаров. РЭЦ будет углублять сотрудничество с провинцией Ляонин в логистической области для того, чтобы большее количество качественных российских товаров вышло на ляонинский рынок, заявил вице-президент Российского экспортного центра Дмитрий Прохоренко.

В последние годы провинция Ляонин активизировала контакты с администрациями регионов, организациями и предприятиями России. Благодаря этому в первые три квартала текущего года объем торговли провинции с Россией вырос на 82,3 проц. в годовом исчислении до 42,64 млрд юаней. В то же время в провинции было создано 40 новых предприятий с участием российских инвестиций.

Глава департамента коммерции провинции Ляонин Пань Шуан отметил, что Ляонин, рассматривая сотрудничество с Россией как приоритетное направление в расширении своих внешних связей, продолжит продвигать взаимодействие на местном уровне между двумя сторонами, активизировать торгово-экономические контакты, углублять взаимосвязанность и расширять сотрудничество в таких областях, как промышленность, торговля, гуманитарные связи и туризм с тем, чтобы создать новый образец межрегионального сотрудничества двух стран.

2023 年中蒙俄地方经济洽谈会于 11 月 9 日至 10 日在中国东北辽宁省锦州市举行。此次洽谈会旨在搭建贸易平台以吸引更多企业开展贸易、物流和投资合作以及共建"中蒙俄经济走廊"。

包括俄罗斯出口中心(REC)在内的 40 多家外国机构和企业以及 100 多家

中方机构和企业参加了洽谈会。会上签署一系列项目协议,总投资额超过 20 亿元人民币。

洽谈会期间,在俄罗斯出口中心和锦州港的共同努力下,中蒙俄电商直播基地正式揭牌。该基地将开设俄罗斯商品馆。俄罗斯出口中心副总裁德米特里·普罗霍连科表示,俄罗斯出口中心将深化与辽宁省在物流领域的合作,为辽宁市场带来更多优质的俄罗斯商品。

近年来,辽宁省加强与俄罗斯地方政府、组织和企业的联系。今年前三季度,辽宁省对俄贸易额同比增长 82.3%,达到 426.4 亿元。与此同时,辽宁省还新设立 40 家俄罗斯外资企业。

辽宁省商务厅厅长潘爽表示,辽宁省始终把对俄合作作为对外开放的重点方向,积极推进中俄地方间合作,加强经贸往来,深化互联互通,广泛开展产业、贸易、人文、旅游等领域合作,开创两国地方间合作新格局。

7. В эти дни поездка на канатной дороге по горе Ваушань в округе Мэйшань провинции Сычуань станет запоминающимся зрелищем. Всё, что вы увидите внизу, будет окрашено в оранжевые, красные, желтые и зеленые цвета. Вся гора покрыта осенними деревьями. Лучший период любования золотой осенью продлится здесь до середины ноября.

近日,在四川省眉山县瓦屋山上乘坐索道缆车观光将是一道难忘的风景线。山下的一切都被涂上橙色、红色、黄色和绿色。整座山都被秋天的林木所覆盖。这里的金秋最佳观赏期将持续到 11 月中旬。

8. 8 ноября озерные чайки ловко кормились с рук посетителей в одном из парков города Куньмин (пров. Юньнань).

11 月 8 日,在昆明市(云南省)的一个公园里,红嘴鸥灵巧地从游客手中取食。

9. Недавно на водно-болотных угодьях в Синьцзяне на горизонте разлился оранжевый закат. Стаи бакланов купаются в сиянии, или отдыхают на ветвях, или расправляют крылья и парят бок о бок с красочными осенними пейзажами.

近日,在新疆湿地,橘红色的晚霞铺满天际。成群的鸬鹚沐浴在霞光中,或憩于枝头,或展翅盘旋,与斑斓秋景相映成趣,如诗如画。

10. Маслоэкстракционные предприятия Башкирии экспортировали в Китай в январе—октябре 2023 года 21,5 тыс. тонн нерафинированного подсолнечного масла. Это на 8,3 тыс. тонн, или на 64,5%, больше, чем за тот же период прошлого года, сообщило региональное управление Россельхознадзора. Об этом пишет РБК.

В ведомстве отметили, что башкирское масло полностью соответствует требованиям фитосанитарной безопасности КНР.

«Отобранные специалистами отдела карантина растений, контроля за качеством зерна и семенного контроля пробы растительного масла прошли лабораторные исследования в подведомственной Россельхознадзору Башкирской испытательной лаборатории ФГБУ «ВНИИЗЖ». По результатам энтомологических экспертиз карантинные организмы в продукции растительного происхождения не выявлены», — говорится в сообщении.

据 RBC 报道,2023 年 1 月至 10 月,巴什基尔的食用油精炼企业向中国出口 2.15 万吨未精炼葵花籽油。俄罗斯联邦兽医和植物卫生监督局在巴什基尔当地的分支机构称,这比去年同期增加 0.83 万吨,相当于增长 64.5%。

俄兽植局指出,巴什基尔的植物油完全符合中国的植物检疫要求。

报道称,"植物检疫、谷物质量控制和种子控制部门的专家选取植物油样品,在俄兽植局下属的联邦动物健康保护中心 'ARRIAH' 巴什基尔检测实验室进行化验。根据检疫性有害生物方面的抽检结果,植物油产品中未检出有害生物。"

11. Опрос CGTN: 90% респондентов считают, что для поддержания здоровых китайско-американских отношений нужно реализовать консенсус лидеров двух стран

Ключ к поддержанию здорового и стабильного развития китайско-американских отношений—практические меры по реализации консенсуса, достигнутого лидерами двух стран в ходе встречи на Бали. Так считают 86% участников опроса, который проводился на платформах CGTN на английском, испанском, французском, арабском и русском языках.

За сутки в исследовании поучаствовали более 10 тыс. интернет-пользователей. По сравнению с опросом, проведенным 4 месяца назад, доля сторонников вышеупомянутой точки зрения выросла на 4,1 процентных пункта. Помимо этого, 91,2% участников исследования отметили, что КНР и США должны развивать межгосударственный диалог на основе взаимоуважения и равноправия. 92% респондентов согласны с тем, что китайско-американские отношения не являются игрой с нулевой суммой, и попытки изменить или сдержать другую сторону обречены на провал.

По мнению 83,2% опрошенных, Китай и США должны объективно воспринимать стратегические намерения друг друга, правильно оценивать факторы конкуренции в двусторонних связях и искать общий знаменатель для обменов и сотрудничества. 77,7% респондентов также призвали две страны держать каналы связи открытыми, сократить недопонимание и неверные суждения.

据中国国际电视台新闻频道的民调显示,90%的参与者认为,为了维护中美关系健康发展,需以务实行动落实领导人共识。

维护中美关系健康稳定发展的关键在于采取务实行动落实两国领导人在巴厘岛会晤时达成的各项共识,高达86%的参与者持有这样的观点。这项民调是在中国国际电视台新闻频道的英语、西班牙语、法语、阿拉伯语和俄语平台开展的。

24小时内共有超过1万名网友参与投票。与四个月前的民调结果相比,持上述观点的比例上升4.1%。此外,91.2%的网友表示,中美两国应在相互尊重和平等的基础上开展国家间对话。92%的网友认为,中美关系不是零和博弈,任何试图改变或遏制对方的想法都注定要失败。

83.2%的网友认为,中美双方应客观认识对方的战略意图,正确看待中美交往中的竞争因素,寻求交流合作的最大公约数。77.7%的受访者呼吁中美两国保持沟通渠道充分畅通,减少误解和误判。

12. 7 ноября можно было увидеть по-осеннему «золотые» листья деревьев гинкго в дворце-музее Гугун («Запретный город») в Пекине.

11 月 7 日,在北京故宫博物院(“紫禁城”)可以看到满地“金黄”的银杏树叶。

13. На днях в городе Урумчи интернет-пользователь снял на видео красивое явление — дым от ароматической курильницы приобретает фиолетово-розовый оттенок при освещении его солнечным светом, проникающим сквозь оконное стекло.

近日,一位乌鲁木齐的网友拍到如梦幻般美丽的场景——阳光透过玻璃照射在熏香的烟雾上,呈现出奇幻的粉紫色。

14. В живописном районе Бипэнгоу округа Аба провинции Сычуань во время сезона золотой осени выпал снег. С восходом солнца золотистый лес ярко сияет. Заснеженные горы, леса и яркое осеннее небо дополняют друг друга, как на картине маслом.

在四川省阿坝县毕棚沟景区,金秋时节降雪初晴。旭日东升,披着金色阳光的森林熠熠生辉。雪山、森林和秋天的晴空交相辉映,相得益彰,宛如一幅浓墨重彩的油画。

15. Недавно в Синьцзяне некоторые пользователи Сети сфотографировали паровоз, несущийся по пустыне Гоби, похожий на огненного дракона. Пользователь сети: «Это настоящий поезд!»

近日,有网友在新疆拍到一列蒸汽火车驶过戈壁,宛如一条火龙穿越时空。网友惊呼:“这才是真正的火车!”

16. За десять лет, прошедших с момента выдвижения инициативы о совместном строительстве «Один пояс, один путь», сотрудничество между Китаем и Австрией в различных областях в рамках «Один пояс, один путь» непрерывно углублялось и расширялось, и они совместно стремились к

совместному развитию.

Прекрасная музыка, живописи, вкусные лакомства, красивый пейзаж......
Продолжают звучать китайские и австрийские симфонии. Посмотрите
45-минутный документальный фильм и послушаем «Симфонию дружбы».

共建"一带一路"倡议提出十年来,中国和奥地利在"一带一路"框架下
各领域合作不断深化和拓展,两国坚持共谋发展,实现共赢。

美曲、美画、美食、美景……中奥交响乐继续奏响。请观看45分钟的纪录
片,聆听《友谊交响曲》。

17. На днях в китайской соцсети появилось видео, на котором панда по
кличке Сыцзя в одном из зоопарков провинции Хэйлунцзян на северо-востоке
Китая радовалась снегу. Она прыгала, бегала и веселилась. Китайский
пользователь сети шутливо прокомментировал: «На первый взгляд, эта
гигантская панда родом с юга».

前几日,中国社交网络发布一段视频,视频中是中国东北黑龙江省一家动
物园里一只名叫"思嘉"的大熊猫在雪地里开心地打滚。她又蹦又跳,跑来跑
去,玩得不亦乐乎。一位中国网友开玩笑说:"这大熊猫一看就来自南方。"

18. Недавно в городе Лишуй провинции Чжэцзян во время утренней
зарядки в детском саду проходившая мимо старушка станцевала под музыку у
ворот детсада. Ее движения были уверенными, и она была очень увлечена.
Пользователь сети: «Вот такой должна быть и моя старость!»

近日,在浙江丽水,正值幼儿园早操时间,一位路过的老太太在幼儿园门
口随着音乐翩翩起舞。她的动作娴熟自信,热情投入。网友:"这简直就是我的
晚年写照!"

19. Белошейная веерохвостка, серощёкая альциппа, каштановый
бюльбюль... Недавно журналисты Медиакорпорации Китая сделали
интересные снимки птиц, купающихся в горных ручьях в национальном парке
тропических лесов на острове Хайнань.

白喉扇尾鹟、灰眶雀鹛、栗背短脚鹎……近日,中央广播电视总台记者在

海南热带雨林国家公园拍摄到多种鸟类在山涧洗澡的生动照片。

20. На 6-м Китайском международном импортном ЭКСПО (СІІЕ-2023) в Шанхае были продемонстрированы разнообразные продукты питания и напитки из разных стран и регионов мира.

在上海举办的第六届中国国际进口博览会（СІІЕ-2023）上展示了来自世界不同国家和地区的丰富食品和饮品。

21. Недавно в Чанчуне провинции Цзилинь выпал сильный снег. Пользователь Сети поделился видео, на котором его сосед-южанин радуется снегу, им эта радость буквально льётся с экрана монитора!

吉林省长春市近日下了一场大雪。一位网友分享了他的南方室友第一次见到东北大雪异常兴奋的视频，他激动的心情都快溢出屏幕了。

22. Недавно китаец по фамилии Хуан сел в поезде на Южном железнодорожном вокзале Шанхая. За короткий промежуток времени в вагоне стало очень оживленно. На первый взгляд, ничего особенного — пассажиры просто ели. Но вы только посмотрите, каким был их обеденный «стол» - креветки, говядина, курица и много разных других закусок!

最近，中国的一位黄先生在上海南站上火车后，发现很快车厢的气氛就变得热闹起来。乍一看，并没有什么特别之处——乘客们只是在用餐。但仔细看看他们的餐桌，简直就是满汉全席——大虾、牛肉、鸡肉，还有各种小吃！

23. 6-е Китайское международное импортное ЭКСПО (СІІЕ-2023) закрылось в Шанхае 10 ноября. Каковы новые достижения на выставке импортных товаров в Шанхае в этом году? Давайте познакомимся с ними!

第六届中国国际进口博览会（СІІЕ-2023）于 11 月 10 日在上海闭幕。本届上海进口博览会取得了哪些新成果？让我们一起来了解一下！

24. Утром 6 ноября в Чжэнчжоу провинции Хэнань страус дико метался в утреннем потоке машин в час пик и постоянно менял полосу движения, а проезжающие автомобили пытались его объехать. Дорожная полиция Чжэнчжоу всю дорогу следовала за птицей на мотоциклах, и в конце концов

страус был пойман. Пользователь сети: «Кажется, страус тоже боялся опоздать на работу».

11 月 6 日清晨，在河南省郑州市，一只鸵鸟在早高峰的车流中狂奔，并不断变换车道，过往车辆纷纷避让。郑州交警骑摩托车一路跟随，最终将这只鸵鸟捕获。网友评论道："看来鸵鸟也怕上班迟到。"

25. Когда истребитель J-20 попал в закатные лучи солнца, вдруг показалось, что он облачился в золотые доспехи.

歼 -20 战斗机迎着夕阳的余晖，仿佛披上了金色的战甲。

26. В Сицзанском автономном районе на юго-западе Китая насчитывается 47 природных заповедников различного уровня и типа, их общая площадь превышает 412 тыс. кв. км. Об этом говорится в Белой книге «Стратегия КПК по управлению Сицзаном в новую эпоху: практика и исторические достижения». Документ сегодня опубликовала Пресс-канцелярия Госсовета КНР.

《新时代党的治藏方略的实践及其历史性成就》白皮书指出，位于中国西南的西藏自治区已经建立各级各类自然保护区 47 个，总面积超过 41.2 万平方千米。该文件目前由中华人民共和国国务院新闻办公室发布。

27. 9 ноября на фото попали посетители, изучающие экспонаты в Учжэньском музее науки и техники Всемирного Интернета. Данный музей недавно открылся в поселке Учжэнь (пров. Чжэцзян) в рамках Всемирной конференции по вопросам Интернета-2023. Площадь музея составляет около 43 000 кв. м. Здесь демонстрируются ключевые технологии, знаковые события и важные фигуры глобальной сети Интернет, описывается процесс ее развития.

В музее находится шесть постоянных выставочных зон: «Единая глобальная платформа для интернет-инноваций», «Интернет поддерживает путь цифрового развития», «Интернет формирует цифровую цивилизацию человечества», «Интернет соединяет все, что есть в небе, на земле и в море», «Интернет стимулирует инновации в области цифровых технологий» и «Интернет объединяет общую судьбу человечества».

图为 11 月 9 日来访者正在参观乌镇世界互联网科技馆。作为 2023 年世界互联网大会框架下的一部分,该博物馆近日在浙江乌镇开馆。博物馆占地面积约 4.3 万平方米,展示了全球互联网的关键技术、重大事件和重要人物,并介绍了互联网的发展历程。

博物馆共有六个常设展区:"互联网创新全球共同平台""互联网支撑数字发展道路""互联网塑造人类数字文明""互联网慧联空天地海万物""互联网促进数字技术创新"和"互联网凝聚人类共同命运"。

28. Объем валового регионального продукта /ВРП/ Сицзанского автономного района на юго-западе Китая в 2022 году достиг 213,26 млрд юаней /около 29,7 млрд долл. США/, что в 2,28 раза больше, чем в 2012 году в постоянных ценах, говорится в Белой книге, опубликованной в пятницу Пресс-канцелярией Госсовета КНР.

Согласно Белой книге, озаглавленной «Стратегия КПК по управлению Сицзаном в новую эпоху: практика и исторические достижения», за указанный период среднегодовые темпы роста ВРП региона составили 8,6 проц., что позволило ему занять одно из первых мест в стране по этому показателю.

中华人民共和国国务院新闻办公室周五发布的白皮书显示,2022 年中国西南部西藏自治区的地区生产总值(GDP)达到 2 132.6 亿元人民币(约合 297 亿美元),按不变价格计算,比 2012 年增长 2.28 倍。

根据这份题为《新时代党的治藏方略的实践及其历史性成就》的白皮书,在此期间,该地区 GDP 年均增长 8.6%,增速居全国前列。

29. На ежедневных тренировках сапёров специального патрульного отряда Управления общественной безопасности города Цзинань провинции Шаньдун используется нож для снятия скорлупы с сырых яиц. Во время процесса снятия скорлупы сапёрам необходимо следить за тем, чтобы внутренняя

оболочка яйца не порвалась. Именно таким способом они тренируют ловкость и точность движения пальцев.

山东省济南市公安局特巡警支队防爆队员在日常训练中使用小刀去除生鸡蛋壳。在剥壳过程中,防爆队员必须确保鸡蛋内膜不会破裂。他们通过这种方式训练手指动作的灵巧性和精准度。

30. 8 ноября на 6-м Китайском международном импортном ЭКСПО (СIIE-2023) в Шанхае на фото попали посетители, изучающие разнообразные экспонаты нематериального культурного наследия Китая, в том числе картины, чайники и веера. Выставка проходит с 5 по 10 ноября.

图为 11 月 8 日在上海举行的第六届中国国际进口博览会(CIIE-2023)上,游客正在参观中国非物质文化遗产展品,包括绘画、茶壶和扇子。展览从 11 月 5 日持续至 10 日。

31. Недавно в Чунцине три гигантские панды продемонстрировали интересный способ укрываться от дождя. Пока их головы не намокли, считается, что дождь на них не попадает.

近日在重庆,三只大熊猫展示了一种有趣的避雨方式。只要它们的头不被淋湿,相信雨水就不会落到它们身上。

32. Пресс-канцелярия Госсовета КНР в пятницу опубликует Белую книгу «Стратегия КПК по управлению Сицзаном в новую эпоху: практика и исторические достижения», а также проведет пресс-конференцию.

中华人民共和国国务院新闻办公室将于本周五发布《新时代党的治藏方略的实践及其历史性成就》白皮书,并举行新闻发布会。

33. 7 ноября на ЭКСПО «Свет интернета» в рамках Всемирной конференции по вопросам Интернета-2023 на фото попали посетители, изучающие разнообразные новинки, включая мотоцикл с технологиями VR и 5G, «зеркало» для оценки состояния здоровья человека, устройство для анализа пульса по методике традиционной китайской медицины, собаку-робота для проверки электросетей, робот-программиста и т. д.

图为在 11 月 7 日举行的 2023 世界互联网大会"互联网之光"博览会上，参观者在探索各种新产品，其中包括搭载 VR 及 5G 技术的摩托车、评估人体健康状况的"镜子"、中医心率分析仪、电网检查机器狗、机器人程序员等。

34. Каждый четвертый иностранный турист в России с января по сентябрь 2023 года был из Китая, сообщила Ассоциация туроператоров России (АТОР) со ссылкой на данные погранслужбы ФСБ РФ. Об этом пишет ТАСС.

«Впервые после пандемии Китай вышел на первое место по турпотоку в Россию по итогам первого полугодия 2023 года. По итогам девяти месяцев года Китай по-прежнему удерживает эту позицию. С января по сентябрь 2023 года китайские граждане совершили 105,8 тыс. визитов в Россию, указав целью своего визита туризм. При этом большую часть визитов туристы из Китая совершили в пик российского туристического сезона—июль, август, сентябрь», — говорится в сообщении.

Всего с января по сентябрь 2023 года туризм в качестве цели своего визита в Россию назвали 429 тыс. иностранцев. Для сравнения, в аналогичный период 2019 года Россия приняла 4,3 млн иностранных туристов, а в этот же период 2022 года—147,4 тыс. туристов, напомнили в АТОР.

Рост количества поездок из Китая эксперты объясняют разными факторами. Первый и основной из них—рост деловой активности. По данным туроператоров, основная масса всех иностранцев в этом году приезжает в Россию с бизнес-целями. При этом многие из них получают туристические визы. Стимулами к росту турпотока стали также расширение авиаперевозки между странами, внедрение Россией электронных виз для граждан 55 государств, а также возобновление группового безвизового туробмена между Россией и Китаем. По прогнозам экспертов, до конца года рост турпотока из Китая продолжится.

На втором месте по туристическому потоку в РФ с января по сентябрь оказалась Германия (42,1 тыс. визитов), на третьем—Турция (33,7 тыс.).

Также Россию в этот период с целью туризма посещали граждане Ирана (25, 6 тыс.), Туркменистана (23, 6 тыс.), ОАЭ (20, 5 тыс.), Казахстана (12, 6 тыс.), Индии (10 тыс.), Латвии (9, 7 тыс.) и Узбекистана (9 тыс.). Из этих стран немногочисленные классические туристы, по данным туроператоров, приезжали только из Турции, Ирана, ОАЭ и Индии.

Турпоток из Турции, согласно статистике, почти достиг допандемийного — с января по сентябрь 2019 года граждане Турции совершили 39, 5 тыс. визитов в Россию с целью туризма. Турпоток из Ирана также почти вышел на допандемийные показатели (25, 8 тыс. визитов за 9 месяцев 2019 года), рассказали в ассоциации.

俄罗斯旅游运营商协会（ATOR）援引俄罗斯联邦安全局边防局的数据报道，2023 年 1 月至 9 月，俄罗斯每四名外国游客中就有一名来自中国。塔斯社对此进行了报道。

有消息称，"新冠疫情过后，中国首次在 2023 年上半年的俄罗斯游客流量中名列前茅。根据今年前九个月的统计结果，中国仍然保持着这一地位。2023 年 1 月至 9 月，中国公民赴俄入境达 10.58 万人次，其中以旅游目的为主。与此同时，来自中国的游客大多都在俄罗斯旅游旺季 7、8、9 月入境。"

2023 年 1 月至 9 月，共有 42.9 万名外国人以旅游为目的访问俄罗斯。俄罗斯旅游运营商协会回忆道，相比之下，2019 年同期俄罗斯接待外国游客 430 万人次，2022 年同期接待游客 14.74 万人次。

专家认为，中国游客数量增长有多种原因。首先是商业活动的增加，这也是最主要的影响因素。据旅行社称，今年大部分外国人来俄罗斯都是出于商业目的。此外，其中还有多人获得旅游签证。各国间航空运输规模的扩大、55 个国家公民俄罗斯电子签证的引入以及中俄两国团体旅游互免签证业务的恢复也刺激了游客流量的增长。据专家预测，年底前来自中国的游客流量将继续增长。

1—9 月俄罗斯联邦游客流量排名第二的是德国（4.21 万人次），排名第三的是土耳其（3.37 万人）。在此期间，分别来自伊朗（2.56 万人次）、土库曼斯坦

（2.36 万人次）、阿联酋（2.05 万人次）、哈萨克斯坦（1.26 万人次）、印度（1 万人次）、拉脱维亚（0.97 万人次）和乌兹别克斯坦（0.9 万人次）的公民以旅游为目的入境俄罗斯。根据旅行社的统计数据，土耳其、伊朗、阿联酋和印度游客中只有为数不多的人是单纯以旅游目的访俄。

据统计，土耳其游客数量基本达到疫情之前水平——2019 年 1 月至 9 月，土耳其公民以旅游为目的的访俄人数为 3.95 万人次。该协会表示，伊朗访俄的游客数量也基本达到疫情前水平（2019 年 9 个月的游客人数为 2.58 万人次）。

35. Недавно в Аньшане провинции Ляонин пользователь сети сфотографировал прекрасный момент, когда охранник собрал осенние опавшие листья и посыпал ими детей. Пользователь сети: «Детская душа встречает радость, эта сцена такая трогательная!»

近日，在辽宁省鞍山市，网友拍下一位保安大叔捡拾金秋落叶洒向孩子们的美好瞬间。网友称："童心遇见童心，这一幕太有爱了！"

36. Товарооборот России и Китая в годовом исчислении в январе — октябре вырос на 27,7%, достигнув \$196,48 млрд. Об этом сообщило Главное таможенное управление КНР.

Как следует из опубликованных данных, экспорт из Китая в РФ за 10 месяцев увеличился на 52,2% и составил около \$90,08 млрд. Импорт российских товаров вырос на 12,4%, до \$106,4 млрд. Таким образом, положительное сальдо России за отчетный период составило \$16,32 млрд, уменьшившись по сравнению с аналогичным периодом 2022 года примерно на 53%.

Только в октябре объем торговли двух стран достиг \$19,79 млрд, уменьшившись по сравнению с сентябрем на 9%. Импорт из России в месячном исчислении сократился на 3,7%, до \$11,1 млрд, экспорт Китая понизился на 10,2%, до \$8,69 млрд.

Основная часть стоимости ввозимых из РФ в Китай товаров приходится на нефть, природный газ и уголь. Среди прочих ключевых статей импорта—медь и медная руда, древесина, топливо и морепродукты. КНР экспортирует в Россию широкий перечень продукции, значительная доля которой приходится на смартфоны, промышленное и специализированное оборудование, игрушки, обувь, транспортные средства, кондиционеры и компьютеры.

Товарооборот между Россией и Китаем в 2021 году вырос на 35,8%, до $146,88 млрд. В 2022 году он увеличился на 29,3%, до рекордных $190 млрд. Как отметил в октябре министр экономического развития РФ Максим Решетников, объём российско-китайской торговли быстро увеличивается и в 2023 году теоретически может достигнуть $215-220 млрд.

据中国海关总署报道,1—10 月中俄贸易额同比增长 27.7%,达到 1 964.8 亿美元。

从发布的数据来看,中国对俄罗斯的出口额在 10 个月内增长 52.2%,约 900.8 亿美元。俄罗斯商品进口额增长 12.4%,达到 1 064 亿美元。因此,报告期内俄罗斯的顺差为 163.2 亿美元,与 2022 年同期相比下降约 53%。

仅在 10 月份,两国贸易额就达到 197.9 亿美元,相比 9 月份下降 9%。按月计算,从俄罗斯进口 111 亿美元,下降 3.7%。中国出口额 86.9 亿美元,下降 10.2%。

从俄罗斯联邦进口到中国的货物价值主要体现在石油、天然气和煤炭等商品。其他主要进口品类包括铜和铜矿、木材、燃料和海产品。中国向俄罗斯出口产品种类繁多,大部分为智能手机、工业和专用设备、玩具、鞋、汽车、空调和电脑。

2021 年中俄贸易额总计 1 468.8 亿美元,增长 35.8%。2022 年增长 29.3%,达到创纪录的 1 900 亿美元。正如俄罗斯经济发展部部长马克西姆·列舍特尼科夫在 10 月所指出的,中俄贸易额正在迅速增长,理论上 2023 年可能达到 2 150～2 200 亿美元。

37. Зимние забавы – мыльные пузыри.

Когда мыльный пузырь садится на снег, происходит чудо – он замерзает.

Правда очень красиво?

冬日乐趣——肥皂泡。

当肥皂泡落在雪上,奇迹发生了——它竟然被冻住了。是不是很美?

38. Россия рвется на китайский Рынок

Российский бизнес демонстрирует взрывной рост интереса к китайским рынкам. Свидетельством тому—проходящая в Шанхае 5-10 ноября Китайская международная импортная ЭКСПО, на которой представительство РФ выросло вдвое как по показателям площади экспозиции (она достигла 1700 кв. м.), так и по количеству участников: на этот раз это 66 компаний из 30 регионов—от Калининграда до Камчатки.

Кратное увеличение этих показателей вполне ожидаемо с учетом роста градуса разворота российской экономики на Восток, рассказал в интервью CGTN первый заместитель министра промышленности и торговли Василий Осьмаков. «Это связано, прежде всего, с тем, что российский экспорт существенным образом переориентировался с традиционных ранее рынков— например европейского—на Китай и другие азиатские страны. Если до февраля 2022 года доля ныне недружественных нам стран в нашем товарообороте была 40%, то сейчас это 18%. И львиная часть из высвободившихся 22% пошла на китайский рынок. Китай—это основное направление перестройки российского экспорта», —отметил он.

Об этом же говорит и статистика российско-китайского товарооборота. Цель довести его ежегодный объем до $200 млрд будет достигнута с опережением графика - уже в этом году. «По итогам 2023 года будет порядка $210-215 млрд. Это делает Россию шестым крупнейшим торговым партнером КНР. До 2022 года мы были десятыми. Идет рост поставок, меняется качество российского экспорта в Китай. На китайский рынок выходит уже не только крупный, но и средний и малый бизнес», —отметил Осьмаков.

По словам замминистра, все эти факты свидетельствуют о том, что российско-китайское экономическое взаимодействие выработало устойчивый иммунитет к попыткам Запада подорвать двусторонние связи, в том числе, посредством санкционного давления. При этом он посоветовал не испытывать головокружения от успехов и сохранять бдительность: «Раз уж мы используем слово «иммунитет», правильно провести аналогию с вирусом. Санкции—они как вирус, они постоянно меняются. Поэтому и иммунитет должен все время меняться, организм наших торговых отношений должен адаптироваться».

Говоря о перспективах развития двусторонней торговли, Осьмаков согласился с широко растиражированным в китайских медиа прогнозом российского предпринимателя Олега Дерипаски о том, что товарооборот можно увеличить вдвое и даже вывести его на планку $500 млрд в год. «Потенциал развития торговли с Китаем измеряется не процентами, а десятками процентов, возможно, мы даже можем говорить о порядках. Потому что китайский рынок огромный, и мы очень много чего можем сделать для Китая. У нас очень недоиспользованный потенциал экспорта в несырьевом направлении. Если мы будем активно работать, обозначенные цифры вполне достижимы», – уверен первый замминистра промышленности и торговли.

Согласилась с прогнозом Дерипаски и генеральный директор Российского экспортного центра (РЭЦ) Вероника Никишина. Правда, с небольшой оговоркой: «Для обеспечения дальнейшего роста нам необходимо решить проблему незнания китайскими партнерами возможностей российских поставщиков. Именно повышение узнаваемости российской продукции в Китае—наша первоочередная задача».

Эта задача решается: на импортной ЭКСПО постоянно ширится спектр российской продукции. Так, на нынешнюю выставку впервые привезли не макеты, а реальные комплексы российского станкостроения. Корпорация СТАН представила многофункциональный шлифовальный станок с числовым программным управлением. По словам генерального директора холдинга

Бориса Богатырёва, присутствие на ЭКСПО – «отличная возможность продемонстрировать международному обществу передовые отечественные разработки и подтвердить имидж России как технологически развитой и конкурентоспособной страны». Расчет оправдал себя: холдинг запустил переговоры о сотрудничестве с двумя десятками китайских предприятий.

По словам руководителя РЭЦ, по итогам нынешней ЭКСПО россияне рассчитывают подписать контракты как минимум на $3 млрд. Уже сейчас понятно, что такая задача будет выполнена и перевыполнена. Лишь один контракт уже покрыл треть от заявленной суммы: китайский авиаперевозчик China Eastern сообщил, что подписал на полях выставки контракт на импорт российского дальневосточного краба стоимостью $1 млрд.

Вероника Никишина подчеркивает, что $3 млрд—лишь ориентир и далеко не предел. «На самой выставке запланировано более 500 переговоров, после выставки работа по заключению контрактов продолжится. Все российские компании на ЭКСПО уже сейчас имеют от пяти до десяти, как минимум, китайских партнеров, с которыми договорились продолжить переговоры уже непосредственно по обсуждению коммерческих деталей поставки», – сказала она в интервью CGTN.

По словам руководителя РЭЦ, привлекательности российским производителям добавляют комплексные решения поставок. «Очень важно, что мы в этом году впервые предлагаем для китайских потребителей не только российскую продукцию, но и логистическое решение, способ доставки, которым можно получить эту продукцию. Таким образом, переговоры как по цене российского экспортного товара, так и по способу его доставки – это то, что сейчас находится, как говорится, на кончиках пальцев в переговорах российских и китайских партнеров».

«При этом мы не гонимся только за объемами. Нам важно, чтобы каждый российский участник в зависимости от своих экспортных возможностей нашел своего покупателя. На выставке присутствуют как крупные российские экспортеры, которые могут своим контрактом сразу сформировать большую цифру статистики, так и маленькие компании. Понятно, что с точки зрения объемов экспорта эти компании не сформируют каких-то впечатляющих цифр. Но нам очень важно, чтобы они нашли своего регулярного китайского покупателя. Потому что это занятость, это постоянные рабочие места», – подчеркивает Никишина. По ее словам, специально для доставки небольших партий товаров от малых производителей буквально месяц назад РЖД совместно с РЭЦ запустили услугу доставки сборных грузов от малых и средних компаний в КНР. «Консолидированная доставка товаров заметно повышает эффективность и снижает стоимость перевозок. Это логистическое решение—дополнительное интересное преимущество, которое мы предлагаем нашим китайским партнерам», – отметила собеседник CGTN.

Общий тон российскому присутствию на нынешней Китайской импортной ЭКСПО задала состоявшаяся неделей ранее встреча премьеров двух стран на полях заседания глав правительств ШОС в Бишкеке. Премьер Госсовета КНР Ли Цян подчеркнул: «Китай приветствует наращивание поставок высококачественной российской продукции на свои рынки». Практика текущей выставки показывает: это были не пустые слова.

俄罗斯渴望进入中国市场

俄罗斯企业对中国市场的兴趣呈爆发性增长。这从 11 月 5 日至 10 日在上海举行的中国国际进口博览会上可见一斑。俄罗斯联邦代表团在展区面积（达到 1 700 平方米）和参展人数上都翻了一番：此次参展商来自俄罗斯 30 个地区（从加里宁格勒到堪察加）的 66 家公司。

俄罗斯工业和贸易部第一副部长瓦西里•奥斯马科夫在接受中国国际电视台采访时表示，考虑到俄罗斯经济加快"向东转"，这些指标的成倍增长都在意料之中。他指出，"这主要是由于俄罗斯的出口已经从以前的传统市场，例如欧洲市场，大幅转向中国和其他亚洲国家。如果说在 2022 年 2 月之前，对我们不友好的国家在我们贸易额中所占的份额为 40％，那现在只有 18％。释放的 22％份额中的大部分进入中国市场。中国是俄罗斯出口结构调整的主要方向"。

中俄贸易额的统计数据也证明了这一点。今年将提前实现年贸易额 2 000 亿美元的目标。奥斯马科夫指出，"2023 年底将达到 2 100 亿～2 150 亿美元，推动俄罗斯成为中国第六大贸易伙伴。直至 2022 年，我们在中国贸易伙伴中的排名还是第十位。随着供应量不断增加，俄罗斯对中国出口产品的质量也在发生变化。除大型企业外，中小型企业也正进入中国市场"。

副部长表示，所有这些事实都表明，中俄经济协作关系已经具有"免疫力"，以抵御西方破坏双边关系的企图，包括制裁施压。同时，他建议不要被成功冲昏头脑，并保持警惕："既然我们使用'免疫力'这个词，用病毒作类比是贴切的。制裁就像病毒，在不断变化，免疫力也必须随时变化，我们的贸易关系体系也需不断适应。"

谈到双边贸易发展前景时，奥斯马科夫同意俄罗斯企业家奥列格•德里帕斯卡在中国媒体上的预测，即贸易额可以翻一番，甚至达到每年 5 000 亿美元。俄罗斯工业和贸易部第一副部长确信，"对中贸易发展的潜力不是用百分比来衡量，而是用几十个百分比来衡量，甚至可以用数量级来衡量。因为中国市场巨大，我们能为中国做的事情非常多。我们在非资源领域的出口潜力尚未充分开发。如果我们努力，完全能够实现这些数字"。

俄罗斯出口中心总经理维罗妮卡•尼基申娜同意德里帕斯卡的预测，但同时持有一点保留意见："为确保进一步增长，我们需要解决的问题是，中国伙伴对俄罗斯供应商的能力缺乏一定了解。提高俄罗斯产品在中国的知名度是我们的首要任务。"

该任务正在得以解决：在国际进口博览会上，俄罗斯产品的展览范围正在不断扩大。因此，本届博览会上俄方首次不带模型参展，而是展出用俄罗斯机床制造的成套实物设备。俄罗斯机床制造商 STAN 展出了一台多功能的数控磨床。据该公司总经理博里萨•博加特廖瓦介绍，参展国际博览会是"向国际社会展示俄罗斯先进研发成果并树立俄罗斯作为技术发达和富有竞争力的国家形象的绝佳机会"。事实证明这个观点的正确性：该公司已启动与 20 家中国企业的合作谈判。

据俄罗斯出口中心负责人介绍,根据本届国际博览会的成交结果,俄罗斯有关参展方预计签署至少 30 亿美元的合同。现已明确,该任务不仅可预期达成,而且还将超额完成。仅其中一份合同就已达到三分之一的申报金额:中国东方航空公司表示,在展会期间签署了一份价值 10 亿美元的俄罗斯远东帝王蟹进口合同。

维罗妮卡•尼基申娜在接受中国国际电视台采访时强调,30 亿美元只是一个起步基准,远非上限。"在本届博览会期间,计划进行 500 多场谈判,展会结束后将继续开展相关合同的签署工作。所有参加国际博览会的俄罗斯公司现已拥有五到十个中国合作伙伴,这些中方合作公司已同意继续就交货等相关商业细节直接进行讨论"。

据俄罗斯出口中心负责人介绍,综合性的供应解决方案提升了俄罗斯制造商的吸引力。"非常关键的是,今年我们不仅向中国消费者提供俄罗斯产品,且首次提供相关物流解决方案以及产品运输方式。因此,无论是俄罗斯出口商品价格,还是有关交货方式,都是俄罗斯和中方合作伙伴目前谈判的焦点。"

"我们不只追求成交量。对我们来说,重要的是,每个俄罗斯参展方都能根据自己的出口能力找到自己的采购商。本届参展商既包括可以签订巨大成交额合同的俄罗斯大型出口商,也包括小规模公司。当然,从出口额来看,这些公司的成交额并不会给人留下深刻印象。但对于我们来说,非常重要的是,他们能够找到保持长期稳定合作的中国采购商。因为这些商业活动可以促进就业,提供长期稳定的工作岗位,"尼基申娜强调。据她介绍,就在一个月前,俄罗斯铁路股份公司与俄罗斯出口中心联合推出中国中小企业散货运输服务,以便为小型制造商提供专业的小批量商品运输服务。"商品的集中交付方式显著提高了效率,降低了运输成本。这项物流解决方案是我们为中国合作伙伴提供的另一项极具吸引力的优势服务。"尼基申娜在接受中国国际电视台采访时说道。

一周前,在比什凯克举行的上合组织成员国政府首脑理事会期间,两国总理进行了会晤,会晤提出了俄罗斯参加本届中国国际进口博览会的总基调。中国国务院总理李强强调:"中国欢迎俄罗斯对本国市场增大优质产品供应。"本届博览会的实际成果证明：这些谈话内容并不是空谈。

39. 6 ноября на 6-м Китайском международном импортном ЭКСПО (CIIE-2023) в Шанхае компания Lego презентовала четыре набора своих фирменных кубиков на тему царя-обезьян Сунь Укуна, дракона, традиционной китайской архитектуры с украшениями к Празднику Весны и т. д. Уже шесть лет подряд «Лего» презентует новые продукты в китайском стиле на CIIE.

11 月 6 日，在上海举行的第六届中国国际进口博览会（CIIE-2023）上，乐高公司展示了四套以美猴王孙悟空、龙、带春节装饰物的中式传统建筑等为主题的品牌积木套装。乐高已连续六年在 CIIE 上推出中国风格的新款产品。

40. Сезон Лидун («Становление зимы») — первый зимний сезон в системе 24-сезонного китайского сельскохозяйственного календаря. В этом году он наступает 8 ноября. Во время этого сезона в Северно-Восточном Китае уже выпал сильный снег. Давайте вместе полюбуемся красивыми снежными пейзажами этого региона.

立冬是中国农历二十四节气之一，代表冬季的开端。今年立冬是 11 月 8 日。在这个节气到来时，中国东北已下大雪。让我们一起欣赏这个地区的美丽雪景。

41. Недавний глобальный онлайн-опрос, проведенный CGTN, показал, что более 90% респондентов в разных странах считают, что Китайская международная выставка импорта (CIIE) за 6 лет показала высокий уровень открытости Китая для внешнего мира. В опросе, устроенном на платформах CGTN на английском, испанском, французском, арабском и русском языках, участвовали более 10 тысяч пользователей сети. 83,6% опрошенных согласны, что популярность CIIE отражает сильную уверенность мирового бизнеса в свободной торговле и открытых рынках. 82,5% уверены, что страны должны способствовать либерализации и упрощению процедур торговли и инвестиций, а также активно строить открытую экономику. 87,2% респондентов высоко оценили усилия КНР по защите экономической глобализации. По их мнению, Китай сыграл важную роль в восстановлении мировой экономики и реализации

более сбалансированного, скоординированного и устойчивого развития.

中国国际电视台近期举办的全球在线调查显示,各国超 90% 的受访者认为,中国国际进口博览会(CIIE)6 年来展示了中国对外开放的高水平。该项调查是在 CGTN 的英语、西班牙语、法语、阿拉伯语和俄语平台进行,共计超 1 万名网友参加。83.6% 的受访者认为,CIIE 的受欢迎程度,反映了全球企业对自由贸易和开放市场的强烈信心。82.5% 的受访者认为,各国应推动贸易和投资的自由化和便利化进程,积极建设开放型经济。87.2% 的受访者高度评价中国为维护经济全球化所做出的努力。他们认为,中国在世界经济复苏,实现更加平衡、协调和可持续发展方面发挥了重要作用。